Introduction to
Corporate
Management

企業経営入門

井上善海・遠藤真紀・山本公平

[編著]

Inoue Zenkai/Endo Masaki/Yamamoto Kohei

中央経済社

は し が き

　多くの人が学校を卒業してから人生の大半を過ごす，またはかかわるであろう企業とは，どのような存在なのか，どのような仕組みで出来上がっているのか，どのようにして存続・成長しているのか，といった疑問に答えていくことを目的に本書は編集されています。

　本書は，大学等で企業経営の基本を学ぶための教材として用いることを想定し，経営学を専攻していない方々でも理解できるよう具体的な事例を示しながら，企業経営について以下の4つの視点から体系的に学べるように工夫されています。

　第Ⅰ部では，そもそも企業とはどのようなもので，どのような社会的存在意義があるのか，といった疑問に答えます。

　第Ⅱ部では，企業がどのようにして持続的に存続・成長し，厳しい市場環境の中で競争しているのか，企業の組織がどのように組み立てられ，どのように機能しているのか，といった疑問に答えます。

　第Ⅲ部では，企業で働く人たちがどのように採用・育成され，どのように評価し報酬が支払われているのか，また，どのようにして社員の仕事へのやる気を引き出し，統率しているのか，といった疑問に答えます。

　第Ⅳ部では，企業がどのようにしてモノづくりを行い，どのようにして顧客へ提供しているのか，そのための資金や情報をどのようにして獲得しているのか，といった疑問に答えます。

　これにより，「企業の経営行動について多様な視点から理解できる」「現代企業が直面しているさまざまな課題が理解できる」「新聞等の企業経営に関する記事の内容を理解できる」ことを到達目標としています。

　本書は，先に刊行されている『中小企業経営入門』『経営戦略入門』と姉妹書であり，経営入門シリーズ3部作の1つです。本書で企業経営の全体像

を把握・理解したうえで，企業の経営戦略についてさらに深く学びたい場合は『経営戦略入門』を，全企業数の99.7％を占める中小企業の経営についてさらに深く学びたい場合は『中小企業経営入門』をご活用ください。

　経営入門シリーズ3部作を刊行できたのは，何よりも恩師である市村昭三先生（九州大学名誉教授）から長年教えを受けたおかげです。市村先生への学恩に対する感謝の気持ちとして本3部作を捧げたいと思います。

　最後に，出版事情が厳しい中，本書を出版する機会を与えていただいた株式会社中央経済社の山本継社長と，編集を担当していただいた学術書編集部の納見伸之編集長にお礼を申し上げます。

2022年3月

執筆者を代表して　井上善海

本書の利用法

　本書は，第Ⅰ部で企業とは何か，企業の社会的存在意義について学び，第Ⅱ部で企業の成長戦略と競争戦略，それを支える組織の構造と文化について，第Ⅲ部で企業の採用・育成策，評価・報酬の基準，動機付け・リーダーシップについて，第Ⅳ部では，企業のモノづくりとマーケティング，資金調達や意思決定と情報について，体系的に学べるように構成されています。

　また，各章を効率的かつ効果的に学ぶために，以下のような学びの工夫をしています。

Points　　　本文中で学んでいただきたい重要なポイントを箇条書き方式で簡潔にまとめています。これにより章の全体像をつかむことができます。

Key Words　本文中で重要な役割を果たす用語を示しています。本文を読む際にこのキーワードをマークしながら学ぶと，より理解が深まります。

Research　　与えられたリサーチテーマについて，図書館やインターネット等を駆使し調査分析を行っていただきます。これにより本文を読むことによって理解した内容をさらに深めることができます。

Debate　　　与えられたディベートテーマについて複数名で議論していただきます。これにより，本文で学んだことを応用展開する力を身につけることができます。

参考文献　　さらに学びたい人のために，本文執筆の際に参考となった文献を示しています。企業経営について論究されているものが多く掲載されています。ぜひ利用して学びを深めてください。

CONTENTS

第 **I** 部　企業のカタチ

第 **1** 章　企業の種類と統治

第 **2** 章　企業の経営目的と理念

第**IV**部 企業のマネジメント

第**10**章 企業の生産と販売···················158

第**11**章 企業の情報と意思決定···················172

企業のカタチ

第 **1** 章 | # 企業の種類と統治

1 企業の概念

1.1 企業とは

　企業とは「業を企てる」と書くため，本来，事業を企てる（起こす）という意味になります。しかし一般的に事業を起こすことは「起業（または創業）」と表すことが多く，「企業」は成立した事業を行う組織自体を指す言葉として使われます。

　そして，ここでいう事業とは，一般的に収益の獲得を目的とする経済事業を指します。組織における社会的活動には，経済活動以外にも行政，福祉・医療，教育，宗教等々の活動があり，それぞれ官公庁，病院・福祉施設，学校，寺社・教会等の組織が存在します。これらの組織も，資本主義社会においては，活動に必要な資金の調達を行うため，いかなる組織も広い意味で経済活動を行っているといえます。

図表1－1　企業形態の種類

営利企業（私企業）	非営利企業（公的企業）
1　個人企業（家内営業） 2　会社企業（企業） 　2-1 株式会社 　2-2 合名会社 　2-3 合資会社 　2-4 合同会社 　(2-5 有限会社) 　2-6 有限責任事業組合	1　公企業 2　協同組合

出所：小松［2019］をもとに筆者作成。

　しかし，企業以外の組織は，あくまでも本来の活動目的を継続するための副次的な活動（手段）としての経済活動であり，目的そのものではありません。企業の場合，経済活動そのものが目的であり，まさに経済活動を行うための組織ということができます。

　そもそも資本主義社会における経済活動は，われわれの生活に必要となる製品・サービスを，限りある経営資源に働きかけ，組織的に調整して生産し，流通させ，供給するという社会的な活動そのものを意味します。その活動の当事者の動機や目的または歴史的背景等により，異なる種類の組織が生まれました。

　現代社会における経済活動を営む組織には，私企業，公企業，協同組合，家内営業（家業）などがありますが，最も主要かつ典型的な存在が「私企業」で，多くの場合，企業といえばこの私企業を指します（**図表１－１**）。

1.2　私企業

　私企業の経営目的は，事業主（出資者）にとっての「利益」の獲得にあります。私企業は，事業主が自己の私的出資にもとづいて多数の労働者を雇用し，その労働の成果（利益）を自己のものとします。よって私企業は，私的出資と賃金労働の結合関係にもとづく利益目的の経済事業組織ということができます。

　私的出資にもとづく雇用（賃金労働）は支出を伴うため，事業の成果（利益）を確定させるために，事業の会計を事業主の「家計」から独立させ，「企業会計」を成立させることになります。

　ちなみに私企業は，歴史的に家内営業（家業）から発展した経済事業組織といえます。家内営業は，家内工業に代表される独立事業組織であり，私企業の起源といえる形態です。一般的な家内営業は，事業主個人の自己労働が基本であり，家族労働を加える程度です。他人労働を使用する場合も，親方と弟子といった徒弟関係という封建的な身分関係の上に成り立っていることが多くありました。

　家内営業は，事業主の生活充足が目的であり，事業主の「家計」を充足すればよいと考え，余剰としての「利益」を追求することはありませんでした。

　しかし，これが発展し，身分関係的だった他人労働が賃金契約による他人労働の使用という形に変わり，この他人労働への全面依存によって事業主が自己労働から「管理」に専念する経営者へと変わっていきました。この時点で事業主は資本家となり，家内営業は私企業へと進化したことになります。

1.3　公企業

　現在の主要な経済事業組織は私企業といえます。しかし社会にとって必要な経済事業すべてが，私企業で行われるわけではありません。私企業は基本的に事業主の利益の獲得を目指すため，利益の出ないような事業分野へ進出しようとはしないでしょう。

　また，利益の獲得を追求するあまり，反社会性を帯びてしまうこともあり得ます。社会生活に必要ではあるものの，いわゆる公共性の高い一部の事業に私企業はなじまないという現象が起きます。私企業が果たす経済事業の範囲には限界があるということです。

　私企業のそうした限界を克服するため，資本主義社会においても「非営利」の経済事業組織は存在します。その典型的な事業組織が公企業と協同組合です。公企業と協同組合は，経済事業としてわれわれの生活に必要な製品・サ

ービスの提供それ自体を目的とし，獲得した「利益（余剰）」を事業主に帰属させるのではなく，事業の継続・拡大のための原資とする事業組織です。

　私企業の営利性は，事業主による事業資金（資本）の私的出資に由来します。そこで公的企業では，事業資金を公的資本とすることにより非営利性を図ることとなっています。

　公企業には，独立した公的出資を得て，組織自体も行政機構から独立した経済事業組織である法人公企業があります。また行政機構から未分離の行政内事業組織である国営企業や地方公営企業および出資の一部を民間からの私的資本も受け入れている部分公企業（公私混合企業）などもあります。

　一方，協同組合は，私的資金を受け入れながらも，事業の経営に私企業とは異なる民主的原理を導入することで非営利性を維持する事業組織です（**図表1－2**）。

図表1－2　公企業と協同組合の種類

公企業	協同組合
政府（国家）公企業 　1　国営企業 　2　法人公企業 　　　政府出資型法人公企業 　　　自立資本型法人公企業 　3　部分公企業	1　消費者のための協同組合
	2　第一次産業従事者のための協同組合
	3　中小零細企業者のための協同組合
地方公企業 　1　地方公営企業 　2　法人公企業 　3　部分公企業（第三セクター）	協同組合に類似の共同事業組織 　協業組合 　商工組合 　信用金庫 　労働金庫
政府地方共同企業	
政府地方部分公企業	

出所：小松［2019］をもとに筆者作成。

2 企業の形態

2.1 法律による定義

　企業の形態は，歴史的発展の中から生まれたものであり，法律の規定が先にあったわけではありません。利害関係の調整を目的として法律が現状を追認したものであり，今後も「会社法」は時代に沿って変化していくでしょう。

　一般的な企業形態としては，図表1-1に示したとおり，個人企業，株式会社，合名会社，合資会社，合同会社，有限会社，有限責任事業組合の7種類が存在します。このうち，法律によって規定された企業形態は，「会社」と名のつく，合名，合資，株式，有限，合同の5つと「有限責任事業組合」です。

　実は「個人企業」を規定する法律はなく，あくまで個人企業は事業主である個人と一体視された「個人事業」であり，法律的には独立した会社組織としては認められていません。

　法律上は，5種類の「会社」と1つの「組合」が存在しますが，それぞれの根拠法は異なっており，また時代とともに変遷しています（**図表1-3**）。

図表1-3　根拠法とその変遷

```
合名会社 ┐
合資会社 ├ 旧「商法」（1890年）→「商法」（1899年）→「会社法」（2005年）
株式会社 ┘
（有限会社）「有限会社法」（1938年）→「会社法」施行とともに休眠化
合同会社　「会社法」（2005年）
有限責任事業組合　「有限責任事業組合契約に関する法律」（2005年）

※有限会社は株式会社への変更が可能で，新規の設立はできません。
```

出所：小松［2019］をもとに筆者作成。

2.2　会社の種類と特徴

2.2.1　会社の概念

　前述したとおり「会社法」等によって会社が規定されていますが，何が会社なのかという本来の定義は「会社法」に規定がありません。しかし旧「商法」に「商行為を業とする目的をもって設立したる社団」と規定されており，要は「利益を目的とした営利行為を継続的に行う社団」と理解することができます。

　社団とは，人的組織の団体（人的結合体）を意味しますが，組合と対比される概念です。組合は，社団と同様の人的結合体ですが，組織としての独自性が弱く，本来は営利行為ではなく，構成員（組合員）間の相互扶助が目的の組織です。

　社団は，構成員（社員）とは別に組織それ自体に法律上の権利能力（法人格）を持つことが認められ，法人格を認められた社団を社団法人といいます。

　会社とは，営利行為を継続事業として遂行するために組織された社団法人（事業主の団体）であり法人格を有するため，組織として売買契約などの法律行為を直接行うことができる存在ということになります。

　企業は，あくまでも資本を持って事業を営む組織です。出資者が1人の企業を「個人企業」と呼び，出資者が複数からなる企業を「集団企業」と呼びます。その集団を「商法」では会社とし，集団企業は会社企業とも呼ばれますが，それが単に会社と呼ばれるようになりました。

　では，次に「会社法」等によって規定された会社についてみていきます（**図表1−4**）。

2.2.2　株式会社

　株式会社は，「株式」の発行を通じて，必要な資金（資本）を調達する会社形態です。「株式」とは，出資者の「権利」の単位を表しているといえ，株式会社の株主（出資者）は，出資と引き換えに株式を取得することで，そ

図表1−4 **4種類の会社の特徴**

	株式会社	合名会社	合資会社	合同会社
出資者の名称	株主	無限責任社員	有限責任社員 無限責任社員	有限責任社員
出資者の数	1名以上	1名以上	2名以上	1名以上
資本金	1円以上	規定なし	規定なし	1円以上
定款の有無	あり（承認が必要）	なし	なし	あり （承認の必要なし）
出資者責任の範囲	出資額の範囲	出資額の範囲を超えて責任を負う	有限責任社員は出資額の範囲 無限責任社員は出資額の範囲を超えて責任を負う	出資額の範囲
会社代表の規定	取締役の中から代表取締役を決める	社員の中から代表者を決める	社員の中から業務執行社員を決める	社員の中から代表者を決める
取締役／役員の規定	1人以上（取締役会を設置する場合は3人以上）	全社員が業務執行社員（役員）となる（任期なし）※	無限責任社員が業務執行社員（役員）となる※	全社員が業務執行社員（役員）となる（任期なし）※
意思決定機関	株主総会	社員総会 （全社員の同意）	社員総会 （全社員の同意）	社員総会 （全社員の同意）
利益配分	出資比率	自由	自由	自由

※定款および社員総会で変更することが可能。
出所：神田［2021］をもとに筆者作成。

の会社への権利を行使することが可能となります。

　株主が有する出資者としての主な権利として、①剰余金（利益）を配当として受ける権利、②残余財産の分配を受ける権利、③株主総会における議決権、などがあります。①と②を自益権といい、③を共益権といいます。これらの株主権は「株式」に単位化され、株主は原則として出資の額に応じて取得した株式の数量（持ち株比率）に比例して権利を行使できます。

　株式は譲渡可能であり、転売されることを前提としています。そのため株式を流通させる市場（株式市場）も用意されています。たとえば、出資に対して期待どおりの配当（income gain）が得られなければ、株主は保有する株式を市場で売却しようと考えます。

　一方、その株式が将来、市場で値上がりすることを期待し、売買差益（capital gain）を得るために購入しようと考える株主が表れます。ここで売り手と買

い手の希望価格が合致すれば売買成立となります。

　株式会社の株主は，会社が負う「債務」に対して，「責任」を負うことになりますが，その責任の範囲は，保有する株式の引受価格を限度とする「有限責任」になります。ここが後述する合名・合資会社等との違いになります。

　株主は出資者であり，その会社の所有者でもあります。共益権を行使し，自らが経営者の一員として会社の経営に携わる株主もいますが，自益権のみの行使を目的とした株主が多数になると，株主ではない専門経営者に経営を任せることになっていきます。これが所有と経営の分離です。

　事業規模が拡大するにつれ，必要となる資金も多くなります。経営権を持つ株主からの資金だけでは賄えなくなり，不特定多数の出資者から多くの資金を調達することになります。このとき会社の経営自体よりも自らの利殖にのみ興味を持つ株主が増え，自ら直接経営に携わるより，優秀な専門経営者に経営を任せたほうがよいという考えに至るわけです。

　こうして多くの大企業では，所有と経営が分離し，株主（信託層）から専門経営者（受託層）へ経営が委ねられることになっていきました。

2.2.3　持分会社

　持分会社は，比較的少ない社員（出資者）によって設立され，社員自らが経営にあたることを前提にした会社形態であり，合名，合資，合同会社の3つの形態の総称です。「持分」は出資および所有権の単位であり，株式会社の「株式」に相当します。出資に対して株式を発行しないこれらの3つの会社では「持分」と呼びます。

(1)合名会社

　家内営業が個人企業となり，複数の出資者を得て集団企業（あるいは会社企業）となり，これを単に「会社」と呼ぶようになりましたが，この会社の初期的な形態が合名会社です。

　個人企業とは違い，出資者を複数にすることで，資本金を拡大することが容易になります。複数化した出資者の支配権，つまり経営をめぐる各出資者

の意思は，全員の話し合いによって解決するという合議制が採用されます。もともと合議制は，出資者間の信頼関係によって成り立つものであるため，出資者の数はおのずと限られることから，合名会社は，少人数規模の事業主のための会社形態ということになります。

　合名会社の「債務」に対する社員（出資者）の「責任」の範囲は，株式会社とは異なり全社員が連帯して無限に責任を負うという「無限責任」になります。つまり，会社がその債務を会社財産で完済できない場合は，全社員は連帯のうえ，個人財産をもって弁済しなければなりません。合名会社は，全社員が無限責任社員で構成される企業形態というのが最大の特徴です。

　基本的に業務の執行は社員が行い，業務上の決定は過半数の原則に従います。業務を執行する社員は，各自，会社を代表することができますが，社員の互選によって代表者を決めることもできます。

　個人企業の事業主が，自分以外の共同経営者（出資者）を受け入れたとき，個人企業は会社へと形態転換します。合名会社は出資者の複数化により多くの資本金を集めることができるため，個人企業の限界を克服したといえますが，その実態は個人企業とほとんど変わらないといってもよいでしょう。

⑵合資会社

　合資会社は，無限責任社員と有限責任社員の両方が存在する会社です。社員は責任限度によって二分されます。無限責任社員の責任範囲は，合名会社の社員と同様の無限責任ですが，有限責任社員は，会社に拠出した出資額が責任履行義務の上限であり，私財に対する追徴義務を免れる有限責任です。

　合資会社も少人数規模の事業主のための会社形態ですが，原則として会社の意思決定に参加しない社員（有限責任社員）を取り入れることで，より一層多くの資本金を集めることができる会社形態であり，合名会社より少し大きな規模の企業になり得ます。有限責任社員は，会社の意思決定に参加しない代わりに，会社の債務に対する責任範囲が限定されることになっています。

　なお，業務の執行は基本的に無限責任社員が行い，業務上の決定は過半数の原則に従います。業務を執行する社員が会社を代表しますが，業務を執行

する社員の互選によって代表者を決めることができる点は，合名会社と共通するところです。

(3)合同会社

合同会社は，米国の LLC（limited Liability Company）をモデルにして「会社法」の下に導入された新しい企業形態です。出資者の全員が有限責任という株式会社の特長を残しつつ，一方で支配権や利益配分の割合を定款で自由に決められる「組合」の仕組み（定款自治）を併せ持つ新しい企業形態といえます。

株式会社では，出資の割合（持ち株比率）によって議決権や利益配分が決まります。しかし，合同会社では社員の有限責任を認めたうえで，各自の出資割合とは違う議決権の割合や利益分配の割合を定款で自由に定めることができます。

たとえば，資金より知的出資（ビジネス・アイデア等）が重要な意味を持つソフト会社などにおいて，出資の割合に縛られない自由な支配権と利益配分を設定することができるなど，会社の性格や出資者の意思を尊重した経営を行うことが可能な会社形態といえます。

株式会社においては，多くの株主が経営に直接関与しないため，出資の額が権利の単位の基準になります。このため，株主の権利は株式の種類が同じである限り平等であり，保有する株式数に比例して権利が与えられることになります。

しかし，合同会社などの持分会社は，社員自らが経営にあたることを前提としており，むしろ経営への関与度に応じて権利の配分を調整することが，かえって「公平」となり得るのです。

2.3　その他の企業形態

(1)個人企業

前述したとおり，個人企業は事実上の「個人事業」であり，会社としての

法律上の規定はありません。家内営業から発展したのが個人企業であるため，個人企業の出資者は一個人であり，一般的に出資の規模そのものに限界があります。企業としての信用の基礎となる資本金が十分でないことが多く，債務に対する出資者の責任範囲は無限責任となり，出資者個人が債務保証しなければなりません。

　当然，個人企業の経営は出資者自らが代表となって担当します。経営が出資者本人一人によって行われるため，経営能力的にも限界があるといえます。

　家内営業の事業目的は事業主の家計の充足であり，生活できればよいという考えにもとづき，利益の追求は一般的に行われません。個人事業の場合，事業主の事業意欲にもよりますが，同様な考え方で事業会計と家計が未分離のままの企業も多く存在します。

　個人企業の限界を克服して事業を拡大し，利益を追求しようとすれば，出資者を複数化していく必要があります。しかし，出資者を複数化した時点で個人企業は個人企業でなくなり「会社」へと発展していくことになります。

　多様な働き方を選択できる現代において，事業主個人の自己労働を基本とする個人企業（一般的に自営業あるいはフリーランスなどと呼ばれる）は多く存在しています。資本主義社会における個人企業は，他人労働を使用することができない零細な経済事業組織として位置づけられ，その事業目的は，事業主の生活充足（家計の充足）という域を出ないという点において，結果的に「利益」の追求に至らない消極的な経済事業組織として存在する場合が多いです。

(2)有限会社

　有限会社は，歴史的に株式会社よりも後にできた企業形態で，政策上，中小企業のために株式会社の制度を簡素化した特別な企業形態といえます。

　多くの企業は事業規模の拡大を目指し，個人企業から株式会社へと進化していきますが，すべての企業が株式会社化を目指すわけではありません。一定の規模以上の拡大を目指さない企業も存在するため，少額資本金等，一定の制限のもと出資者の有限責任を認め，小規模の株式会社という位置づけで

つくられた会社形態といえます。

　なお，2006年の「会社法」改正により，最低資本金制度等が撤廃され，有限会社は株式会社へ移行することが可能となり，新規の有限会社の設立はできなくなりました。

(3)有限責任事業組合

　有限責任事業組合は，英国のLLP（Limited Liability Partnership）をモデルに「有限責任事業組合契約に関する法律」にもとづき制度化された新しい企業形態です。

　有限責任事業組合は，その名のとおり「組合」であるため法人格を持たず，法人税の対象になりません。出資者である組合員に所得税として直接課税されます。また法人格を持たないため，組織としての法律上の権利能力を有しません。

　業務の執行は組合員（出資者）が行いますが，その責任の範囲は有限責任で，重要事項は組合員同士の合議で決められます。利益分配や権限の分配は出資の割合に関係なく自由に設定できるため，合同会社と同様に，会社の性格や出資者の意思を尊重した経営を行うことが可能な会社形態といえます。

　有限責任事業組合は，合同会社と類似した会社形態ですが，主な違いは，①法人格の有無，②課税制度の違い，③他の組織への変更（有限責任事業組合は法人格がないため，いったん解散して株式会社等を設立することになります）などです。

3 企業の統治

3.1 企業の所有者

3.1.1 株式会社の所有者

　私企業の典型的な企業形態は株式会社です。株式会社は，本質的に利益の追求を行うため事業の拡大を目指します。株式会社は，不特定多数の出資者に対して株式を発行し，市場（株式市場）から資金調達を行うことができるため，多くの資金を市場から集め，事業を拡大し，利益の追求を行っていきます。これが「本来の株式会社」であり，経営学の対象となる現代企業の典型です。

　しかし，市場（株式市場）からの資金調達は，どんな株式会社でもできるというわけではありません。「金融商品取引法（旧証券取引法）」の上場基準を満たし，金融商品取引所（証券取引所）で，株式を売買できるようになった企業（上場企業）しかできません。

　株式市場を通じて株式を取得すれば，誰でも株主となることができ，その企業の所有者になることができます。「本来の株式会社」は，多くの資金を必要とするため，多くの出資者からの資金を集め，多くの株主が存在することになります。個々の株主は，その出資割合分の1の所有者ということになります。

　また制度的に株主は企業の所有者でありながらも，個々の株主の権利は「本来的な所有権（企業の財産を自分の意思だけで自由に処分できる権利）」ではなく，議決権や利益配当請求権などの「社員権・株主権」であり，本来的な所有権の1部である「派生的な所有権」ということになります。

　出資割合分の1の小口株主が多くなると，企業の経営ではなく自身の利殖のみに興味を示す株主が多くなり，結果的に経営を専門経営者に任せていく

という「所有と経営の分離」が進むことは前述したとおりです。

3.1.2 オーナー企業の所有者

一方,「本来の株式会社」とはいえない株式会社も多く存在しています。特定の株主のみが出資している未上場の中小企業等がそれに当たります。いわゆるオーナー企業といわれる株式会社では,一個人が出資者であり,出資者＝経営者となります。形式的には株式会社という企業形態をとりながら,所有と経営が一致した,いわば個人企業に近い運営がなされる企業も多く存在しています。

3.2 コーポレートガバナンス

コーポレートガバナンス（Corporate Governance）は「企業統治」と訳され,企業の経営が公正な判断と適切な運営でなされるよう,監視・統制による適切な管理監督を行う仕組みのことです。

企業の経営は取締役や執行役員といった経営責任者が行いますが,経営は所有者である株主および顧客,従業員,取引先,金融機関等々の利害関係者（ステークホルダー）の意向や利害を踏まえて行う必要があります。

市場の多くの出資者から出資を受けた大企業は,もはや社会の公器であり,社会的責任も果たさなければならないという考え方があります。過去に企業の不正や不祥事が社会問題となり,一部の経営層の利益のみを追求する経営を行ってはならないという考えから,コーポレートガバナンスの重要性が認知されるようになりました。

3.3 株式会社の機関

ここでは,株式会社の公正・適切な経営および管理・監督をするための主な機関についてみていきます（図表1-5）。

図表1−5 株式会社の機関

株主総会

定款変更
取締役・監査役の選解任
組織・運営・管理等の
重要事項決定

監査役

会計監査
業務監査

取締役会

代表取締役の選解任
業務執行に関する意思決定

出所：筆者作成。

(1)株主総会

会社の所有者である株主が集まり，株主の意見や方針などをもとに会社の
重要事項を決定する「最高意思決定機関」が株主総会です。株主総会に総株
式議決権の過半数以上に達する株主が出席し，その議決権の過半数（重要事
項の場合は3分の2以上）の賛成をもって議決されます。

(2)取締役会

株主総会で選出された取締役で構成され，株主総会の方針に沿って，株主
などの利害関係者（ステークホルダー）のために，会社財産を効率的に運用
するための基本方針を決定します。また，代表取締役や全般経営層などの経
営責任者が基本方針に沿って業務執行を公正かつ効率的に行っているかどう
かを監督する機関です。

代表取締役は，会社を代表し，業務執行機関として株主総会・取締役会の
決議内容を執行します。また，日常業務など，取締役会から委任された範囲
内で，自ら決定し執行するための機関です。

(3)監査役

　取締役および代表取締役などが会社のためにきちんと経営を行っているか，不正をしていないかをチェックする機関です。会社の経営において業務や会計上の不正がないかをチェック・是正する役割を担っています。

Research

1. 図表4−1に示されている企業形態について，それぞれ具体的などんな企業があるのか調べてみよう。
2. 興味のある大企業の株主構成（大株主の状況）について調べてみよう。
3. 過去に不祥事を起こすなど，コーポレートガバナンスが問題になった事例を調べてみよう。

Debate

1. 株式会社と持分会社の違いについて，実際の企業を事例にして議論しよう。
2. 個人企業と株式会社，それぞれのメリット・デメリットについて議論しよう。

●参考文献

片岡信之・齊藤毅憲・佐々木恒男・高橋由明・渡辺峻［2018］『はじめて学ぶひとのための経営学入門〈バージョン2〉』文眞堂。

神田秀樹［2021］『会社法（第23版）』弘文堂。

小松章［2006］『企業形態論（第3版）』新世社。

坂田岳史［2007］『イラスト図解　会社のしくみ』日本実業出版社。

藤田誠［2015］『経営学入門（ベーシック＋）』中央経済社。

第2章　企業の経営目的と理念

Points

- ●大企業と中小企業，日本企業と欧米企業といった企業の経営特性の違いについて理解します。
- ●企業の内容を知るための企業情報やマネジメント階層，企業の経営目的について学びます。
- ●企業の経営理念の重要性，経営理念の構築・浸透策を学びます。

Key Words

経営特性　企業情報　マネジメント階層　経営目的　経営理念

1　企業の経営特性

1.1　大企業と中小企業

1.1.1　大企業と中小企業の区分

18世紀半ばから19世紀にかけて起こった産業革命後に，先進国に大企業が登場しました。それまでは，家内工業的な中小企業が経済の主役でした。20世紀になると，大量生産工業の展開により大企業体制が確立し，大企業はますます大規模化し，中小企業も大企業の下請としてますます増加していきました。

さて，大企業と中小企業は，どのような基準で区分されているのでしょうか。

テレビCMに出てくる有名企業や株式を上場している企業を大企業，それ以外はすべて中小企業ととらえていないでしょうか。中小企業でもテレビ

CMを行っていますし，株式を上場している中小企業も存在します。

　世界の国々では，中小企業を政策対象として支援していくため，大企業と中小企業を明確に区分する基準を設けています。日本は「中小企業基本法」第2条により，資本金額と従業員数を基準に区分しています。

　製造業だと，資本金が3億円以下か，従業員数が300人以下だと中小企業となります。サービス業だと，資本金が5,000万円以下か，従業員数が100人以下だと中小企業になるというように，業種によって区分の基準が異なります。

　中小企業の中でも従業員数が少ない企業を，別途，小規模企業として区分しています。これらをまとめると，図表2-1のようになります。

1.1.2 　中小企業の経営特性と課題

　中小企業は，単に大企業を縮小したような存在ではありません。中小企業は大企業とは異なった経営特性を持ち，また，固有の経営問題を抱えています。

　中小企業は大企業に比べて，経営者の強力なリーダーシップや経営組織がコンパクトであることによる小回り性・機動性といった特長を持っています。

　反面，労働力・賃金・福利厚生といった労働条件面での大企業との格差や，証券市場から資金調達する直接金融が難しく金融機関からの間接金融へ依存

図表2-1　**大企業と中小企業を区分する基準**

業　種	中小企業者 （下記のいずれかを満たすこと）		うち 小規模企業者
	資本金	常時雇用する 従業員	常時雇用する 従業員
①製造業・建設業・運輸業 その他の業種（②〜④を除く）	3億円以下	300人以下	20人以下
②卸売業	1億円以下	100人以下	5人以下
③サービス業	5,000万円以下	100人以下	5人以下
④小売業	5,000万円以下	50人以下	5人以下

出所：中小企業庁［2021］をもとに筆者作成。

している割合が高く，大企業との取引関係においても不利な立場に置かれるといった経営課題を数多く抱えてもいます。

1.1.3 政策対象としての中小企業

このような経営課題を解決するため，国が中小企業を政策対象として支援する必要があり，大企業と中小企業を明確に区分する基準が必要なのです。

ただ，これは国の中小企業政策における対象を定めた「原則」ですので，法律や制度によって中小企業として扱われている範囲が異なることがあります。たとえば，「法人税法」における中小企業軽減税率の適用範囲は資本金1億円以下の企業ですし，「会社法」第2条6号では，資本金5億円以上または負債額200億円以上を「大会社」と定義しています。

それぞれの法律や制度の趣旨に合わせて対象とする中小企業の範囲を規定することで，大企業と中小企業の区分基準を弾力的に運用しているのが現状です。

世界各国でも，中小企業の区分基準が違います。米国やEUでは，従業員数と売上高が用いられ，中国では，従業員数，販売額，総資産額の3つの基準が用いられています。

同じ中小企業でも，規模の違いだけでなく，事業形態や組織形態，マネジメント形態など多様であることから，区分するには限界があり，最適な区分方法というものは未だないというのが現状です。

1.2 規模別・地域別・産業別の違い

前述した「中小企業基本法」の基準で区分すると，日本の企業数の99.7%が中小企業で，従業者数では64.2%を中小企業が占めています（**図表2－2，2－3**）。

企業数の割合は世界各国と比べてもほぼ同じですが，従業員数の割合は世界各国と比べて高く，中小企業が日本経済において雇用創出や雇用の場提供に貢献していることがわかります。

図表2−2　**規模別の企業数**

中　小　企　業				大企業		合　計
		うち小規模企業				
企業数	構成比	企業数	構成比	企業数	構成比	企業数
3,578,176	99.7%	3,048,390	84.9%	11,157	0.3%	3,589,333

出所：中小企業庁［2021］をもとに筆者作成。

図表2−3　**規模別の常用雇用者数・従業者数**

中　小　企　業				大企業		合　計
		うち小規模企業				
常用雇用数	構成比	常用雇用数	構成比	常用雇用数	構成比	常用雇用数
25,849,303	64.2%	5,508,317	13.7%	14,383,637	35.8%	40,232,940

出所：中小企業庁［2021］をもとに筆者作成。

　中小企業の数を中規模企業と小規模企業に分けてみると，中規模企業が14.8% で小規模企業が84.9% と，中小企業の中でも小規模企業は 8 割強を占めています。ただ，従業者数では中規模企業が50.5% で小規模企業が13.7% の割合と逆転しています。

　企業数を地域別にみてみると，東京都の中小企業数（413,408 で全国比11.6%）が全国で最も多いのですが，大企業数（4,580 で全国比 41.1%）の割合がそれ以上に高いことから，中小企業数 98.9%，大企業数 1.1% の割合となっています。

　従業者数を地域別にみても，東京都の中小企業の従業者数（4,672,969 で全国比 18.1%）が全国で最も多いのですが，大企業の従業者数（7,646,447 で全国比 53.2%）がそれ以上に多いため，中小企業の従業者数 37.9%，大企業の従業者数 62.1% の割合となっています。

　このことから，大都市圏では地方に比べて大企業の割合が高く，大企業で働く人も多いですが，地方は大企業の割合が低く，中小企業の割合が高いことから，中小企業が地方の雇用創出・雇用の場提供に大きく貢献していることがわかります。

産業別でみてみると，企業数では，電気・ガス・熱供給・水道業（96.9%）以外すべての産業で中小企業の割合が99%台となっています。

従業者数では，医療・福祉（88.7%），建設業（88.6%），鉱業・採石業・砂利採取業（83.4%）で中小企業の割合が高く，複合サービス事業（2.3%），金融業・保険業（16.9%），電気・ガス・熱供給・水道業（20.3%）は中小企業の割合が低くなっています。

1.3 日本企業と欧米企業の違い

1.3.1 経営特性

日本企業と欧米企業の経営特性の違いを一言で表すとすれば，日本企業は「集団主義経営」で，欧米企業は「個人主義経営」であるといえます。

集団主義とは，自分が所属する企業に忠誠心を持ち，一体化し，企業成長に貢献するという考え方で，個人主義とは，自分の自己実現は個人の責任であり，企業はそれを実現するための手段という考え方です。

このため，日本では「企業は従業員のもの」という意識が強く，欧米企業では「企業は株主のもの」という意識が強いのです。日本のビジネスパーソンが，よく自分が勤めている企業を「わが社」と呼ぶのはその表れですし，「家族主義経営」とも呼ばれたりします。

経営上の問題について，その担当者が作成した原案を，関係部門または上部機関に回付して同意（捺印）を求める決済手続きである「稟議制度」も集団主義経営の特徴です。

1.3.2 経営目標

日本企業の経営目標は，長期的業績重視でシェア重視志向です。それに対して，欧米企業の経営目標は，短期的業績重視で利益重視志向です。

この違いは，株式の所有に起因しています。日本企業の株式所有は機関化されており，株の持ち合いが多いのが特徴で，欧米企業の株式所有は，個人

株主の比率が高いのが特徴です。

このため，欧米企業は，個人株主の意向に沿うため，短期的業績重視で利益重視志向になります。反対に，日本企業の株主である機関投資家は長期的な資産運用を望んでいますので，長期的業績重視でシェア重視志向になります。

ちなみに，株式所有の機関化とは，機関投資家の持株が増え，市場に出回る株式数が減少する（個人株主の持株比率が低くなる）ことです。機関投資家とは，投資顧問会社，信託銀行，損害保険会社，生命保険会社，証券会社，年金基金などの資産を運用する投資家のことです。

株の持ち合いとは，株式会社同士が相互に株式を所有し合うことで，株主を安定化させ敵対的買収を回避する，系列関係を維持する，取引関係を強化することなどを目的に行われています。

トヨタ自動車の 2021 年 3 月時点での株式所有者をみてみると，金融機関・証券会社が 39.04％ と最も多く，次いで，その他法人 24.86％，外国法人 23.8％，個人・その他 11.94％ となっています。日本の自動車会社といえど，いわゆる外資が 2 割強も入っていることがわかります。

1.3.3 経営者

日本企業の経営者は，企業内での内部昇進が多く，欧米企業の経営者は，社外からのスカウトが多いのが特徴です。

このため，日本企業の経営者の所得は相対的に低く，欧米企業の経営者の所得は高い傾向にあります。欧米の大企業の経営者になると年収数十億円という高額になります。ただし，欧米企業は短期的業績重視で利益重視志向ですので，株主の期待通りに業績を上げられないと解任されてしまいます。

反対に，日本の大企業の経営者は，よほどのことがない限り，株主から解任されることはなく，5 〜 6 年ほどで社長を後任に譲り，その後は，会長，相談役として企業人生を続けます。

日本企業でも近年は社外取締役が増えてきましたが，欧米企業に比べるとまだ少ないですし，本来の社外取締役の機能が発揮されているかといえば，

道半ばといった状況です。

　社外取締役は，取締役としてその企業の経営にかかわるとともに，経営上の意思決定や業務執行についての監督を企業外の立場から行います。日本の社外取締役は，経営経験者，弁護士，公認会計士，税理士，金融機関，学者が多いのが特徴です。

1.3.4　社内制度

　日本企業と欧米企業とでは，企業内のさまざまな制度にも違いがみられます。ボストン・コンサルティング・グループ日本支社の初代代表だったアベグレン（Abegglen）は，日本的経営の特徴として，「終身雇用」「年功序列」「企業別組合」の3つをあげました。

　終身雇用（lifetime commitment）とは，学校を卒業してから1つの企業に就職し，その企業で定年まで雇用され続ける雇用慣行のことです。年功序列（seniority criterion）とは，勤続年数，年齢などに応じて役職や賃金を上昇させる人事制度のことです。企業別組合（enterprise union）とは，企業を単位として，従業員を組織化した労働組合のことです。

図表2-4　日本企業と欧米企業の違い

	日本企業	欧米企業
経営特性	集団主義経営 企業は従業員のもの	個人主義経営 企業は株主のもの
経営目標	長期的業績重視 シェア重視	短期的業績重視 利益重視
経営者	内部昇進 相対的に低い報酬 株式所有の機関化・株の持ち合い 社外取締役が少ない	社外からのスカウト 相対的に高い報酬 個人株主比率が高い 社外取締役が多い
社内制度	終身雇用 年功序列 企業内組合 社内教育	契約雇用 能力主義・成果主義 産業別組合 自己投資の教育

出所：筆者作成。

それに対して，欧米企業は，「契約雇用」「能力主義・成果主義」「産業別組合」を特徴としています。

人材育成面では，日本企業は勤務時間中に「企業内教育」を行いますが，欧米企業では勤務時間外に大学院へ通い MBA を取得するなどといった「自己投資による教育」が主流です。

以上のことをまとめると**図表2-4**のようになりますが，時代の推移とともに，日本企業の終身雇用や年功序列も変化しており，定年年齢の引き上げや人事評価制度に成果主義を導入する企業も増えています。

2 企業の経営目的

2.1 企業情報

企業のホームページを検索すると，「企業情報」または「企業案内」というページが出てきます。そこには，当該企業の資本金や売上高，従業員数といった各種の企業情報がまとめられています。

その中でも，わかりにくい項目をみてみましょう。

⑴本店と本社

「本店」とは，企業の登記簿に記載された事業所です。株式会社を始めとしたすべての法人は必ず1つの事業所を本店として届け出なければなりません。「本社」とは，事業推進上の拠点となる事業所のことです。必ずしも本店と一致させる必要はありませんし，複数の事業所をそれぞれ東京本社，大阪本社とすることも可能です。

ユニクロや GU を展開しているファーストリテイリングの本店所在地は創業の地である山口県にありますが，本社機能は東京都で，六本木本部と有明本部があります。

(2)創業と設立

「創業」は個人で事業を開始した日で，「設立」は「商法」上の会社の設立登記をした日です。

花王の創業は1887年（明治20年）6月で，会社設立は1940年（昭和15年）5月ですので，創業後53年を経て会社を設立したということがわかります。

(3)売上高と利益

「連結売上高」とは，単独企業ではなく，その企業グループ（子会社や関連会社など）の総合計の売上高のことです。法律上，全体で1つの会社ととらえるのです。

利益には5つの種類があります（**図表2-5**）。「売上総利益」は，売上高から売上原価を差し引いたものです。売上原価とは販売された製品などの原価のことで，粗利ともいわれます。

「営業利益」は，売上総利益から販売費及び一般管理費を差し引いたもので，本業で得られた利益を示します。販売費及び一般管理費とは，販売部門や管理部門などで発生した広告宣伝費や販売手数料，人件費，家賃，減価償却費などです。

「経常利益」は，毎期経常的に発生する受取利息や支払利息といった営業

図表2-5 利益の種類

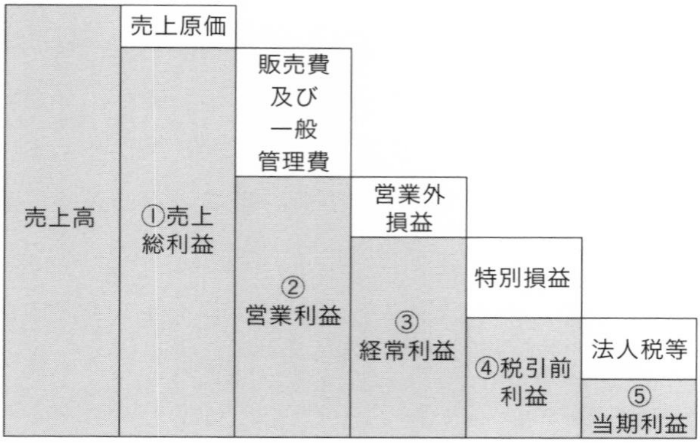

出所：筆者作成。

外損益をプラスマイナスしたもので，企業の実力を示す利益ともいわれます。

「税引前利益」は，経常利益に臨時的な損益である特別損益をプラスマイナスした利益です。「当期利益」は，税引前利益から法人税や住民税，事業税を差し引いたもので，企業の最終的な利益となります。

トヨタ自動車の 2021 年 3 月期連結決算書をみてみると，連結売上高が 27 兆 2,145 億円，売上総利益 6 兆 147 億円，営業利益 2 兆 1,977 億円，税引前利益 2 兆 9,323 億円，当期利益 2 兆 2,823 億円となっています。

2.2　マネジメント階層

企業のマネジメント層は大きく 3 つの階層に分かれています。トップ・マネジメント層は，経営者層とも呼ばれ，企業経営の最上層部にあって経営方針や経営戦略・計画を策定し，企業の経営活動を総合的に統括する役割を担います。役職としては，社長，副社長，専務取締役，常務取締役など取締役会メンバーとなります。

ミドル・マネジメント層は，中間管理層とも呼ばれ，トップ・マネジメント層が策定した経営方針や経営戦略・計画をもとに，各部門の具体的な業務計画を策定し，その実行を指揮・監督する役割を担います。役職としては，部長，次長，課長クラスとなります。

図表2−6　マネジメント階層

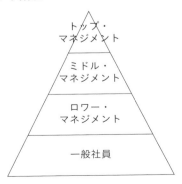

出所：筆者作成。

ロワー・マネジメント層とは，現場管理層とも呼ばれ，ミドル・マネジメント層の指揮・監督に従い，直接現場の作業を管理する役割を担います。役職としては，係長，主任クラスとなります。

ロワー・マネジメント層の下には，一般社員がいるという構図になります（**図表2－6**）。

2.3　経済目的と社会目的

2.3.1　経済目的としての利益の追求

第1章で学んだように，基本的に企業は経済的な存在ですから，「利益の追求」を主目的とします。利益を獲得してこそ社会に貢献できるからです。つまり，利益から税金を納めることにより，その社会的な存在意義が発揮されます。

しかし，儲かれば儲かるほどよいのかといわれると，難しい問題です。利益の極大化，最大化を追求して，これまでどれだけの企業が社会的非難を浴びてきたことでしょう。

それでは，どの程度の利益であれば社会的に容認されるのでしょうか。ディーン（Deane）は「適正利益」を，サイモンとマーチ（Simon & March）は「満足利益」の概念を提示しています。

ドラッカー（Drucker）は「未来費用」という概念を用いこれを説明しています。未来費用とは，企業を存続・成長させるための費用であり，取り替え，陳腐化，危険，不確実性などの費用，それに社会的費用（租税）からなる「存続費用」と，革新と拡大のための費用である「成長費用」のことです。利益がこれらの費用を賄う水準で獲得されなければ，企業は存続できないとドラッカーはいいます。

2.3.2　社会目的としての企業の社会的責任

次に，経済目的としての「利益の追求」だけで果たして企業の目的はよい

のかとの疑問が出てきます。企業は経済的存在としてだけではなく，社会的存在としての意義も問われます。いわゆる社会目的としての「社会的責任」です。

それでは，企業が社会的責任を負っている対象は誰でしょうか。まずは，企業と直接的に利害が絡む従業員，消費者，株主，地域社会等のステークホルダー（stakeholder）に対する責任，そして，文化芸術活動支援（mecenat），社会奉仕活動（philanthropy），環境・資源保全などの社会全体に対する責任が考えられます。

最近では，「CSR（Corporate Social Responsibility）」の用語のほうが一般的となってきています（CSRについては，第3章で詳しく学びます）。

3　企業の経営理念

3.1　経営理念の重要性

企業の経営目的を企業内外に伝えるために策定されるのが経営理念です。企業理念，社是・社訓，ミッションといった表現を用いる企業もありますが，意味はほぼ同じです。

経営理念は，あらゆる種類の組織（公共，民間，非営利，営利などにかかわらず）にとって重要です。その重要性の主な理由は，経営理念が経営戦略上の決定，および日常業務上の決定の指針となるからです。そのうえ，経営理念は組織に共有されるべき価値観を提供し，組織を一体化する連結機能をも果たします。

経営戦略の策定プロセスにおいては，どのような策定手法を採用しようとも，経営理念は経営戦略策定の最初の段階に位置づけられ，最も重要な戦略要素の1つとされています。

経営理念の具体的役割には，大別すると「対内的な役割」と「対外的な役割」の2つがあります。対内的役割とは，包括的な理念に支えられた経営目

的で，企業の事業や組織のあり方について自らに課す長期的な役割や義務が表されています。

　対外的役割とは，企業を取り巻く経営環境や社会への主体的な適応方針で，企業が社会的に果たすべき使命あるいは社会的存在意義が表されています。

　簡単にいうと，対内的役割は社員の行動規範・行動指針で，重要な意思決定の際の基準となるものです。そして，対外的役割は自社の経営姿勢を利害が関係するステークホルダーや社会全体に表明するものです。

　しかし，企業経営のベクトルともいうべき重要な経営理念ですが，定義が統一されているかといえば，そうでもありません。「経営者・組織体の行動規範・行動指針となる価値観，あるいは指導原理」「組織体として公表している，成文化された価値観や信念」「社内外に公表された，経営者および組織体の明確な信念・価値観・行動規範」とさまざまです。

3.2　経営理念の構築

　経営理念は，一般的に経営者によって構築されるものと考えられています。たしかに，経営理念は経営者の経営に対する考え方や信念である「経営哲学」にもとづき制度化され，文章化され，客観化されたものといえます。

　経営理念は，制度化され組織内に浸透されることで，経営戦略や組織構造においてその機能を果たします。

　このため，経営理念の組織内への浸透には長期的なプロセスが必要で，また組織の英雄とも呼ばれる創業者の存在が大きく影響してきます。たとえば，松下電器産業（現パナソニック）の松下幸之助，本田技研工業の本田宗一郎，ソニーの井深大・盛田昭夫らがわかりやすい例でしょう。

　しかし，経営理念は，経営者が独断的かつ専断的に付与したものとして構築されて果たしてよいものでしょうか。仮に経営理念は継続的・恒久的に存在し続けるとしても，その構築者である経営者は時代の流れとともに交替せざるを得なくなってきます。

　そして，その際には，経営者の交替と経営理念の継続に関し論理的矛盾が起きてきます。新しい経営者は，それなりに自分の経営哲学を持っているでしょうし，また，大きくは変えないでしょうが，その経営理念を見直し，再構築してみようとします。

　企業の永続が難しいことと同じように，経営理念を後継し普遍化していくこともまた難しいことなのです。

　経営理念は構築された時点から，時代の流れや経営環境の変化とともに，一部時代にそぐわない状況に直面し出します。その際に，過去から受け継いでいる経営理念のどの部分を残し，どの部分を変えていくかというジレンマに陥ってしまうこともあります。

3.3 経営理念の浸透

　経営理念は，企業の長期的かつ全体的な考え方を示すことから，かなり抽象度の高い言葉で表現されているのが普通です。一般に，米国企業の多くは市場志向で，市場での成功要因に重きを置いた将来の方向性を具体的に指し示した経営理念となっていますが，日本企業では，価値観や行動規範などに重点を置いた表現が多く見受けられます。

　しかし，日本企業にみられるようなきわめて抽象的かつ全体的な表現では，組織構成員はもとより企業の利害関係者や社会全体に対して，企業の経営方針や経営姿勢を具体的に伝えていくことは困難なものといわざるを得ません。

　要は，その企業特有の価値観や将来の方向性を企業内外に明確に示すところに経営理念の意義があるのですから，経営理念は誰が読んでも理解でき，具体的な行動が起こせるよう表現されていなければなりません。

　経営理念は単に文章化され設定されていればよいというわけではなく，いかに経営戦略をはじめ組織など企業活動の全体に浸透させるかが最重要課題となります。つまり，戦略行動基準にまで落とし込まれているかどうかです。

　経営理念を企業活動の全体に浸透させるには，日常業務や朝礼，特別研修

など教育による浸透策から，社内誌・リーフレットの配布，カードへの印刷・常時携帯といった媒体を用いた浸透策，さらには，委員会の設置や評価制度による浸透策など，組織的・体系的なあらゆる方策を用い制度化・共有化を図らねばなりません。

Research

1. 自分の知っている企業が大企業か中小企業か，区分基準で調べてみよう。

2. 自分が興味を持っている企業のホームページで，その企業の企業情報を調べてみよう。

3. 自分が興味を持っている企業の経営理念を調べ，その経営理念を組織内に浸透させるために，どのような具体的方策がとられているか調べてみよう。

Debate

1. 終身雇用・年功序列の日本企業と契約雇用で能力・成果主義の欧米企業のどちらで働きたいか議論しよう。

2. 企業は，経済目的と社会目的のどちらを優先すべきか議論しよう。

●参考文献

井上善海・木村弘・瀬戸正則［2022］『中小企業経営入門（第2版）』中央経済社。

井上善海・大杉奉代・森宗一［2022］『経営戦略入門（第2版）』中央経済社。

上林憲雄・奥林康司・團泰雄・開本浩矢・森田雅也・竹林明［2018］『経験から学ぶ経営学入門（第2版）』有斐閣。

中小企業庁［2021］『2021年版　中小企業白書・小規模企業白書』日経印刷。

第 **3** 章 企業の社会的責任と SDGs

Points

- ●企業の社会的責任とは何か，その重要性について学びます。
- ●ステークホルダーと CSR の関係について学びます。
- ●CSR と SDGs の関係について学びます。

Key Words

社会的責任　ステークホルダー　企業価値の向上　守りと攻めの CSR
SDGs

1 企業の社会的責任

1.1 企業の社会的責任と経営

1.1.1 企業の社会的責任

「企業の社会的責任（Corporate Social Responsibility）」は，英文の頭文字を取って「CSR」と呼ばれており，経営学の中でも重要なテーマの１つです。ドラッカー（Drucker）は，マネジメントの第１の役割に「自らの組織に特有の使命を果たすこと」，第２の役割に「仕事を通じて人を生かすこと」をあげたうえで，第３の役割を「自らの組織が社会に与える影響を処理し，社会の問題の解決に貢献すること（社会的責任の遂行)」だとしています。

では，企業にはどのような責任があるのでしょうか。企業は利益を上げることを目的に経済活動を行う組織ですから，売上・利益を上げることが求められます。その企業に投資してくれた投資家・株主の期待に応えるためにも，

売上・利益を上げる責任があります。

　だからといって「何をやってもいい」というわけではありません。従業員に長時間労働や強制労働をさせたり，環境に害のある物質を排出したりしてはいけません。また，安心で安全な製品・サービスを消費者に提供する責任もあります。こうした責任を果たさないと，社会から非難されるだけでなく，場合によっては法律違反に問われる可能性も否定できません。

　さらに「社会的責任」を果たさなかった場合，不買運動が起きたり，株価が下がったりして，企業の存続自体が危うくなる可能性もあります。企業経営にとって「社会的責任を果たす」ことは，欠かせないことだといえるでしょう。

1.1.2 CSR 消極論と積極論の論争

　CSR については経営学の中でさまざまな議論が行われてきました。その代表的なものとして CSR 消極論と CSR 積極論の論争があります。

　消極論の代表格はフリードマン（Friedman）です。企業は利益を上げて投資家に配当を出すことが経営者の責任であり，企業活動の前提であるとし，生じた利益の中から納税をすることが社会への貢献であると主張しました。法律や社会の規範を守った上での企業活動としていますが，社会や環境問題への積極的関与は認めていません。

　しかし，フリードマンの主張には，「企業は実際に CSR 活動を行っており，現状と合っていないのではないか」という批判がありました。また，フリードマンの主張に対して，数多くの研究者が積極論を述べるようになりました。

　積極論の基本的な考え方は，企業が社会から認められ，その活動を受け入れてもらうためには，企業は自身の責任を果たさなければならない，というものです。

　つまり企業が自分の利益だけを追求するようでは，消費者や社会から支持されなくなってしまい，企業活動自体も停滞してしまうので，利益を得るのであれば，それなりの責任を果たす必要があるというわけです。

　このような主張によって経済的責任とともに社会的責任を果たすという

「CSR積極論」の考えが広く認められるようになり，現在では「積極論」が多くの支持を集めています。

1.1.3 誰に対して企業は責任を負うのか

では，企業は誰に対して責任を負うのでしょうか。企業に資金を出す投資家でしょうか。それとも企業の製品やサービスを購入する消費者でしょうか。

このことを考えるうえで必要となるのが，「ステークホルダー（ステイクホルダーと表記する場合もあります）」という概念です。「ステークホルダー」とは日本語で「利害関係者」と訳されます。

企業が事業を行っていくうえでは，さまざまな人たちと関係を構築しなければなりません。製造業であれば原材料を供給する企業，製品をつくるための設備や機械をつくる企業が必要です。また，その設備・機械を使って製品をつくり，サービスを提供する従業員も欠かせません。製品を買い，サービスを受ける顧客も必要です。

さらにいえば，工場を設置する際には，その工場が立地する地域社会に受け入れてもらわなければなりません。これら事業を行ううえでかかわり合いのあるすべての人のことを「ステークホルダー」といいます。

企業は利害関係のある人たち，すなわちステークホルダーそれぞれに何らかの責任を負っています。たとえば，顧客に対しては安全で安心な製品・サービスを継続的に供給する責任，従業員に対しては雇用を守り，給料を払う責任，仕入先には公正な取引慣行に従って製品を仕入れて代金を支払う責任などです。

自動車部品メーカーのデンソーでは，「お客様」「サプライヤー様」「社員」「地域社会・国際社会」「株主・投資家様」の5つを重要なステークホルダーと設定しています。「お客様」はトヨタ自動車を始めとする自動車メーカーとその先にいるディーラー，消費者など，「サプライヤー様」は原材料や自動車部品を構成する部品を同社に供給する企業や同社が生産に必要な設備・機器を製造・設置する企業などがあげられます。また，同社で働く社員（期間従業員やその家族も含む），同社に投資した株主・投資家，同社の本社なら

びに国内外の拠点が位置する地域社会・国際社会も大切なステークホルダーとしています。

1.2　企業の社会的責任の種類

CSR の対象であるさまざまな責任には，どういうものがあるのでしょうか。ここでは 2 つのモデルからその分類を考えてみます。

(1) 3 つの責任による分類モデル

最初に紹介するのは企業の社会的責任を 3 つの責任に分けた考え方です（図表 3 − 1）。

第 1 にあげられるのが「中核的責任（本業中心）」です。これは本業による責任で，①よい製品やサービスを提供することによって人々の生活向上に寄与する，②雇用の機会を増やし社会の発展に貢献する，③経済活動を通じて経済発展に貢献するという内容を指します。

第 2 が「付随的責任（マイナスを防ぐ）」です。これは事業を行うことによって発生するマイナスの影響をなくす，あるいは少なくする責任のことです。具体的には，①環境を汚染したり資源を枯渇させたりしない，②事故や

図表3−1　3つの社会的責任

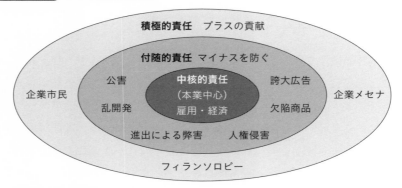

出所：井原［2008］をもとに筆者作成。

欠陥製品や誇大広告によって消費者に迷惑をかけない，③工場などの拠点進出によって起きる騒音や渋滞などによって地域社会に迷惑をかけない，④強制労働や児童労働を始めとする人権侵害をしない，などがあげられます。

第3は「積極的責任（プラスの貢献）」で，これは本業以外でも「社会に貢献すべき」という考えから行うもので，企業市民やフィランソロピー，企業メセナ等が当たります。企業市民とは企業も一般の市民のように社会貢献をすべきという考え方，フィランソロピーは企業の慈善活動や寄付活動を指す言葉，企業メセナとは企業による文化・スポーツ・学術支援を行うことを指す言葉です。

(2)キャロルによる CSR ピラミッド

一方，CSR の代表的モデル「CSR ピラミッド」を提示したのがキャロル（Carrol）です。CSR ピラミッドは，土台になる第1層の「経済的責任」の上に第2層の「法的責任」，第3層の「倫理的責任」，第4層の「慈善的責任」があるとした考え方です（図表3-2）。

図表3-2 キャロルのCSRピラミッド

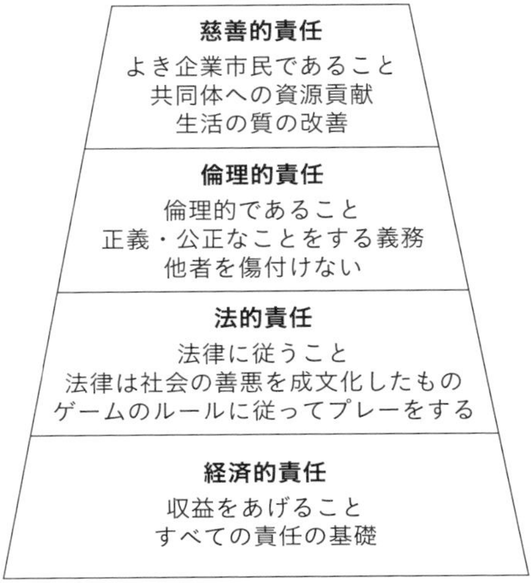

慈善的責任
よき企業市民であること
共同体への資源貢献
生活の質の改善

倫理的責任
倫理的であること
正義・公正なことをする義務
他者を傷付けない

法的責任
法律に従うこと
法律は社会の善悪を成文化したもの
ゲームのルールに従ってプレーをする

経済的責任
収益をあげること
すべての責任の基礎

出所：Caroll［1991］と佐久間ら［2019］をもとに筆者作成。

　企業が市場競争に勝てないと，長期にわたる製品・サービスの供給ができなくなります。顧客からみれば，利用している途中で製品やサービスがなくなると困ってしまいます。第1層の経済的責任は，有用な製品・サービスを継続的に提供することであり，顧客の信頼を得る第1歩であるといえるでしょう。

　第2層の法的責任とは，「会社法」や上場企業を対象にした「金融証券取引法」，消費者保護関連の法律・条令，環境に関する法律・条令，「独占禁止法」や「下請法」「公益通報者保護法」など，企業と活動にかかわる法令を守ることを指します。

　第3層の「倫理的責任」とは，法律や条令では規定されていないものの社会が期待する規範を守ることを指します。

　そして，最上位の「慈善的責任」は「フィランソロピー的責任」とも呼ばれます。「よき企業市民」という考え方にもとづいて社会に貢献するもので，慈善的責任を果たすことによって企業のイメージを向上させます。

　キャロルの「CSRピラミッド」は，各階層に属する取り組みを同時並行的に行うもので，ピラミッド自体を1つのCSR体系としているところに，大きな特徴があるといわれています。

1.3　守りの CSR と攻めの CSR

　CSRは「守りのCSR」「攻めのCSR」という分類を行う場合もあります。守りのCSRはコンプライアンス，コーポレートガバナンス，攻めのCSRとしてはフィランソロピーやCSV（Creating Shared Value）などがあげられます。

⑴コンプライアンス

　日本語では「法令遵守（法令順守）」の意味ですが，「法律を守ること」だけでなく道徳的・倫理的な行動を取ることも含まれます。「法律違反ではない」「基準値をクリアしているから」と安心するのではなく，常に自社の取

り組みを点検し，より高いレベルで道徳的・倫理的な行動をとる必要があります。

(2)フィランソロピー

企業が行う慈善活動や福祉・文化・学術等の支援，寄付活動などを総称する言葉です。欧米では企業は社会貢献をするのは当たり前という考えが定着しており，見返りを求めないフィランソロピーが盛んです。

(3) CSV

ポーター（Porter）らが提唱した考え方で，「共有価値の創造」と訳されます。企業が社会課題の解決に対応することで，経済的価値と社会的価値をともに創造することを指します。本業を生かした「戦略的CSR」ともいわれています。

2 CSRと企業評価

2.1 企業価値の向上とCSR

CSR活動は企業の価値を高めることにつながります。つまり「法律を守る公正な企業である」「良い行いをする企業である」ということが評価されるわけです。消費者からは「良い企業だから，この企業の製品・サービスを利用しよう」と思ってもらうことができます。また，「良い企業で働きたい」と思う人が増えることで，優秀な人材が集まりやすくなります。

一方，株主・投資家からは「良い経営を行っている企業だから，社会一般から支持され，今後も成長が続くはずだ」と思われ，株価の上昇が期待できます。

では，その評価はどういう基準で行われるのでしょうか。以下では，企業評価の基準についてみていきます。

2.2 トリプルボトムライン

「トリプルボトムライン」とは，企業活動を評価するときに，経済的側面に加え，社会的側面，環境的側面という3つの軸で評価する考え方です。経済的側面とは，売上・利益など，損益計算書などに掲載される事業における業績，社会的側面とは人権保護や社会貢献，環境的側面は「公害を出さない」「地球環境を守る」など環境保全のための取り組みを指します。

つまり，企業は自らの活動において，「経済」「社会」「環境」のそれぞれの軸で「責任を果たしているのか」が問われることになります。

2.3 財務情報と非財務情報としての ESG

企業が「良い経営」をしているかを知るための情報としては，売上や利益，資産などの財務情報と，それ以外の非財務情報があります。財務情報はいわば事業における成績表のようなもので，財務の視点から企業を評価する材料になります。一方，非財務情報は売上・利益などでは表されない企業価値を知る材料といえるでしょう。

非財務情報の中で，投資家や産業界から現在注目を集めているのが ESG です。ESG とは環境（Environment），社会（Social），ガバナンス（Governance）の頭文字をとった言葉です。売上・利益といった業績や資産，業界の動向などの財務情報に加えて，この ESG に関する企業の取り組み状況を知り，分析することによって，その企業が今後も成長していくかどうかがわかるといわれています。

では，何が ESG にあたるのかを以下ではみていきます。

(1)環　境

地球環境保全や資源の有効活用など，環境に関する取り組みです。具体的には二酸化炭素（CO_2）など地球温暖化ガスの排出量の削減，工場廃水による水質汚染の防止，水資源の保護，海洋中のマイクロプラスチック削減，再

生可能エネルギーの使用や生物多様性の確保などがあげられます。

(2)社　会

具体的には長時間残業などがない適正な労働環境の実現，ジェンダー差別（性差・性的指向などによる差別）の解消，ダイバーシティ（多様性，さまざまな国籍，宗教，年齢，性別，人種，趣味嗜好，障がいの有無など異なった人たちを採用すること）の実現，児童労働・強制労働の禁止，ワーク・ライフ・バランス（1人ひとりが仕事とともに，子育てや趣味などにも打ち込み，充実した生活を送る状態）の実現などがあげられます。

(3)ガバナンス

企業自身が健全な企業運営を行う管理体制のことを指します。具体的には業績が悪化するような不祥事を防止する取り組み，仮に不祥事を起こした場合でも早急な対応をする，再発させないための取り組み，リスク管理のための情報開示や法令遵守などを指します。

　リーバイ・ストラウス（以下，リーバイス）はジーンズの世界的メーカーです。複数の開発途上国に生産を委託した工場がありますが，ある開発途上国に位置する生産委託工場では人件費が米国の6分の1でありながら生産された製品は高品質を誇り，現地での生産は成功したと思われていました。

　しかし，現地視察に行った担当者から，現地の生産委託工場で働いている労働者の大半は12〜13歳の少女であり，多くが学校を退学して働いていることが報告されました。児童労働は国際的に違法ですが，当時のその国では一般的なことであり，女子が教育を受けられないことについても現地で問題視されたことはありませんでした。

　リーバイスにとってこれは大きな問題でした。利益や競争力が失われても，倫理的行動を優先する姿勢を貫いてきたからです。たとえば，人種差別など非人道的な扱いの工場や刑務所労働による低賃金の工場を持つ国・地域からは改善されない限り，撤退してきました。

　ただ，この途上国から撤退するとその国の経済に深刻な打撃を与えること，この生産委託工場で働いている子どもたちが解雇され，今までよりも労働条件が厳しい職場で過酷な労働を強いられる可能性があると考えられ，生産委託工場との取引を止めるだけでは解決しない問題があることが明らかになりました。

　そこで，リーバイスがとった方法は，現地に学校を建設して生産委託工場で働いていた子どもたちを通わせるというものでした。昼間に授業を受けさせ，就学期間中は労働をさせませんでした。また，無料で教育を受けられるというだけでは，やがて学校に来なくなり他の産業で労働する可能性が高いため，通学する子どもたちには給料を支給し，義務教育課程を修了した後に工場で再雇用するという形にしました。

　リーバイスの対応について一部の株主・投資家らは学校を建てるお金があるのなら，株主に還元すべきだと反発しました。これに対し，リーバイスは上場企業ほど株主利益に左右されない企業になることを選択すると考え，創業一族による買い戻しにより，米国での上場を廃止しました（2019 年に再上場）。

　この事例のポイントは，自社ではなく生産委託をした外部の工場で行われていた違法行為に関しても責任をとったこと，反対する株主・投資家に対し，自社のモットーを貫き通して上場廃止を行ったことです。リーバイスには違法行為を行っていた生産委託工場との契約を解消するという道もあったはずです。しかし，それでは児童労働がなくならないことに気づき，より良い方法を模索したのです。

3　CSRとSDGs

3.1　SDGs 誕生の背景

　2010 年代の後半からテレビや新聞，雑誌などで「SDGs（Sustainable

Development Goals）」が紹介されることが多くなってきました。小中学校，高等学校，大学でもSDGsについて学ぶ授業や講義が行われるようになっています。

SDGsは2015年9月に国連で採択された「持続可能な開発目標」で，2016年から2030年までの間に解決に向けて取り組まなければならない世界共通の目標です。17の目標と169のターゲット（より具体的な目標）が設定されています。

SDGsの前身はMDGs（Millennium Development Goals：ミレニアム開発目標）です。MDGsは開発途上国を対象にしたもので，その期間は2001年から2015年まで，「極度の貧困の撲滅」「普遍的な初等教育の達成」「HIV/エイズ，マラリア及びその他の疾病のまん延防止」など，8つの目標が掲げられていました。

MDGsは一定の成果を上げましたが，十分な成果を残したとはいえず，その期限が近づく中で，未解決の課題をどうするかが国際的な問題になっていました。その一方で，「先進国でも格差はある」「地球環境問題は，先進国・開発途上国を問わない国際的な課題だ」という議論が起こり，全世界の国・地域が一緒に解決に取り組むSDGsが生まれたのです。

3.2　SDGsを担うのは誰か

SDGsは「誰一人取り残さない」をモットーにしています。これは開発途上国を対象にしていたMDGsからの課題が引き継がれていることに加え，経済のグローバル化や技術革新によって先進国はより豊かになり，一部を除き開発途上国は貧困状態のままにあることへの反省があるといわれています。

従来，開発途上国の支援をはじめ，国際的な課題の解決については国連や政府が主導するものと考えられていました。しかし，SDGsでは国連や国だけでなく，企業や個人にもその担い手になることを求めています。

中でも企業が果たす役割に国連も大きく期待しています。その期待の内容は，企業が慈善活動として取り組むのではなく，事業をしながら社会の課題

解決に取り組むことであるといわれています。これは前述した CSV にも共通する考え方です。

　ただし，注意しなければならないのは，「誰一人取り残さない」という SDGs のモットーとの関係です。先進国の企業が開発途上国での課題解決のために，事業を行ったとしても，当該企業や先進国だけが利益を享受するようでは SDGs のモットーに反してしまいます。現地に法人を作って現地の人を雇用するなど，途上国側の経済成長につながる対応をとることも求められるでしょう。

　世界の中で一番人類を死亡させている動物は「蚊」だといわれています。蚊はマラリアやウエストナイルウイルス，デング熱などの病気を媒介するとされています。マラリアは先進国ではほぼ撲滅した病気ですが，財政難に苦しむアフリカ諸国では十分な対策をとることができず，依然として猛威を振るっています。

　2019 年には世界で年間約 2 億人がマラリアを発症，約 40 万 9,000 人が死亡しました。その 90％がサハラ以南のアフリカで発生し，犠牲者の多くは 5 歳以下の子供たちでした。マラリアに罹患したために，学校や仕事に行けず貧困から脱せないという悪循環が起きています。

　住友化学では，ポリエチレンにピレスロイドという防虫剤を練り込み，薬剤を徐々に表面に染み出させる技術「コントロール・リリース」を開発し，工場の虫除け用網戸を生産していました。この技術を活用してマラリアで苦しむ人たちのために防虫剤処理蚊帳「オリセットネット」を開発しました。

　開発された「オリセットネット」は，2011 年，WHO（世界保健機構）が使用を推奨し，UNICEF（国連児童基金）などの国際機関を通じて，約 100 の国々に供給されました。さらに，住友化学では，現地の雇用創出と地域経済発展のために，この製造技術を現地企業に無償供与しました。タンザニアでは年間 3,000 万張りを生産，最大で約 7,000 人の雇用を生んでいます。

　この事例は，企業が本業の技術を生かして，蚊によるマラリア感染の減少という世界の課題解決に貢献したものです。さらに現地生産などによって地域経済の発展に貢献したとして，日本政府が SDGs に関して優れた取り組み

をした企業を表彰する「第1回ジャパンSDGsアワード」を受賞しています。

3.3　BOP ビジネスと SDGs

　BOP とは，Base（or Bottom）Of the（economic）Pyramid の頭文字をとったものです。世界の所得層をそのピラミッドに見立てると，最上位が富裕層，最下位が貧困層（1人当たり年間所得が購買力平価で3,000米ドル程度以下の低所得貧困層）になっており，世界の人口の7割，約40億人が貧困層にあたるといわれています（**図表3-3**）。この最下層のことを BOP と呼び，この BOP 層を対象にした事業を BOP ビジネスといいます。

　従来，最下位の貧困層は，自由に使えるお金がなく，事業の対象から外されがちでした。しかし，途上国でも経済発展が進み，所得が向上すれば，その数が多い貧困層が新たなマーケットになると期待されています。特に SDGs が追い風となって，開発途上国の経済成長が進めば BOP 層を狙った事業はより活発化すると予測されています。

　しかし，その一方で，BOP 層の多い国・地域では政情不安があるケースが多いこと，さらに，開発途上国が経済成長したとしても，その網からこぼれ落ちる人も相当数出ると予測されていることなどから，貧困層にとどまり

図表3-3　BOP層

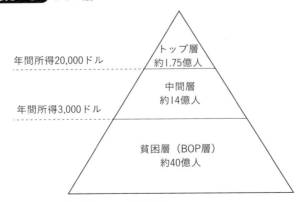

出所：野村総合研究所［2010］をもとに筆者作成。

続ける人たちをどうするかが大きな課題になっています。

　日本でCSRが注目されたのは2003年で，この年は経済同友会の第15回企業白書『「市場の進化」と社会的責任経営』を始め，CSRの概念について産業界で本格的な議論が開始され，「CSR元年」と呼ばれました。それから20年近く経ち，SDGsが人々に知られるようになりました。そのため，「CSRはもう古い。これからはSDGsの時代だ」というビジネスパーソンもいるほどです。

　しかし，本当にCSRは「古い」のでしょうか。CSRは前述のように「企業の社会的責任」を表す言葉です。企業の社会的責任は時代に関係なく存在するものであるため，新しいか古いかを論じることはまったく意味がない議論といえます。むしろ世界がこれから解決しなければならない具体的な目標を掲げたSDGsは，CSRの取り組みのいくつかを具体化して掲げたものであり，CSRの一部であるといえるでしょう。

Research

1. 自分が興味を持った企業のCSRの取り組み内容を調べてみよう。
2. その企業のSDGsへの取り組み内容を調べてみよう。
3. CSRおよびSDGsに積極的な企業とそうでない企業の業績を調べて比較してみよう。

Debate

1. 企業がCSRに取り組むことによるメリットとデメリットについて議論しよう。
2. 社会の課題を事業で解決できるかどうかを議論しよう。

●参考文献

井原久光［2008］『テキスト経営学（第3版）』ミネルヴァ書房。

梅津光弘［2002］『ビジネスの倫理学　現代社会の倫理を考える(3)』丸善。

太田博樹［2012］「CSR思想の形成と拡大」『Project Paper』No.24, 神奈川大学国際経営研究所。

佐久間信夫・田中信弘編著［2019］『(改訂版) CSR経営要論』創成社。

谷本寛治編著［2004］『CSR経営―企業の社会的責任とステイクホルダー』中央経済社。

野村総合研究所（平本督太郎ほか）［2010］『BOPビジネス戦略―新興国・途上国市場で何が起こっているか』東洋経済新報社。

Caroll, A.B. [1991] "The Pyramid of Corporate Social Responsibility: Toward the Moral Management of Organizational Stake Holders" *Business Horizons*, vol.34, No.4.

Drucker P.F. [1973, 1974] *MANAGEMENT TASK, RESPONSIBILITIES, PRACTICES*, Tuttle-Mori Agency, Inc.（上田惇生編訳［2001］『マネジメント（エッセンシャル版）─基本と原則』ダイヤモンド社）

住友化学オリセットネット

https://www.sumitomo-chem.co.jp/sustainability/social_contributions/olysetnet/initiative/ （2021 年 8 月 31 日アクセス）

世界保健機構（World Health Organization）［2020］World malaria report 2020: 20 years of global progress and challenges

https://www.who.int/teams/global-malaria-programme/reports/world-malaria-report-2020 （2021 年 11 月 6 日アクセス）

第**4**章　企業の成長戦略とイノベーション

Points

●企業の戦略と成長に求められる能力について理解します。
●企業の成長に向けて，時間と資源配分の視点から学びます。
●企業の持続的な成長に思わぬ影響をもたらすイノベーションについて理解します。

Key Words

成長戦略　コア・コンピタンス　製品ポートフォリオ・マネジメント　製品・市場マトリクス　イノベーション

1 企業と戦略

1.1 経営戦略とは

　「戦略（Strategy）」という言葉は，もともと軍事用語として使われていました。経営学では，1960 年代にアンゾフ（Ansoff）が経営戦略の体系とその開発プロセスを理論的に展開しました。

　その後，経営戦略の理論は発展を続けていますが，本章では，企業における経営戦略の役割を「企業が長期的に環境へ適応し，事業の優位性を構築するとともに，意思決定の基準となるもの」とします。

1.2　企業が成長するために求められる能力

1.2.1　企業の成長戦略

　企業には「ヒト（人材）」「モノ（設備）」「カネ（資金）」「情報（技術，スキル，ノウハウ等）」といった経営資源があります。伊丹は経営資源を調達のしやすさの違いから，「可変的な資源」と「固定的な資源」に分類しました。

　企業において「成長」とは，経営資源が増加した状態を指します。企業が経営資源を組み合わせ，蓄積や適切な配分により，これを増加させるための戦略が「成長戦略」です。成長戦略には，企業内部の資源で成長する「内部成長戦略」と，外部（他社）の資源を活用して成長する「外部成長戦略」があります。

1.2.2　企業のコア・コンピタンス

　企業は，経営資源を増加させ，成長するためには，どのような能力を持てばよいのでしょうか。ハメルとプラハラード（Hamel & Prahalad）は，企業が成長するために必要な中核能力をコア・コンピタンスとし，「他社には提供できないような利益をもたらすことのできる，企業内部に秘められた独自のスキルや技術の集合体」としました。

　企業のコア・コンピタンスを分析するため，バーニー（Barney）は VRIO 分析を提唱しています。VRIO 分析では，経済価値（Value），希少性（Rarity），

図表4－1　VRIO分析

価値があるか（V）	希少か（R）	模倣コストは大きいか（I）	組織体制は適切か（O）	強みか，弱みか
No	—	—	No	弱み
Yes	No	—	↕	強み
Yes	Yes	No		強み，固有のコアコンピタンス
Yes	Yes	Yes	Yes	強み，持続可能な固有のコアコンピタンス

出所：Barney [2002]．

模倣困難性（Inimitability），組織（Organization）の4つの問いに対する答えによって，企業の経営資源におけるコア・コンピタンスの持続可能性や固有性，企業の強みや弱みの状態を判断します（**図表4−1**）。

1.3 戦略案の策定

1.3.1 SWOT分析

　企業は，事業を展開する範囲として，ターゲットとなる顧客層，製品やサービス，提供する方法を決め，そのドメイン（domain）に向けて戦略案を策定し，展開します。

　そこで，アンドリューズ（Andrews）は，経営環境である「機会（Opportunity）」「脅威（Threat）」と，企業の経営資源の「強み（Strength）」「弱み（Weakness）」との適合性こそ，企業に成長をもたらすという「SWOT分析」を提唱しました。

　経営環境は，「PEST」と称される政治（Policy），経済（Economy），社会（Society），技術（Technology）のように，企業では統制できない環境変化の要因を指します。一方，経営資源は，企業の努力によって統制できます。そこで，企業は経営資源を活用して，経営環境の変化に柔軟に対応しなければなりません。

1.3.2 SWOT分析マトリクスによる戦略案の策定

　SWOT分析だけでは事実の羅列に過ぎません。そこで，「SWOT分析マトリクス」に展開し，経営環境の要素（機会と脅威）と経営資源の要素（強みと弱み）をかけ合わせることで，戦略案を導き出します（**図表4−2**）。

　企業は，SWOT分析マトリクスを活用することで，経営環境における「機会」を明らかにし，そこに自社の経営資源からなる「強み」を投入する戦略案を導き出します。そして，戦略を実践することによって，事業成長を目指します。

図表4−2 SWOT分析マトリクス

経営環境 ＼ 経営資源	強み（strength）	弱み（weakness）
機会（opportunity）	強みを活かし 機会をとらえる戦略	機会をとらえるため 弱みを克服する戦略
脅威（threat）	脅威を回避しながら 強みを活かす戦略	脅威を回避するため 市場参入を慎重に検討

出所：筆者作成。

2 企業の成長戦略

2.1 製品の寿命

2.1.1 製品ライフサイクルと経験曲線

　製品には，人間や動植物と同じように寿命があります。製品ライフサイクル（Product Lifecycle）は，「市場成長率」と時系列によって「導入期」「成長期」「成熟期」「衰退期」の４段階に分けられます（**図表４−３**）。

　製品の導入期と成長期には，研究開発費や設備投資，広告宣伝費などで，

図表4−3 製品ライフサイクル

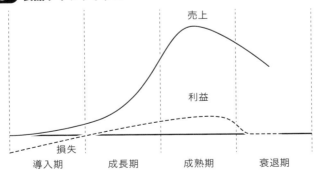

出所：筆者作成。

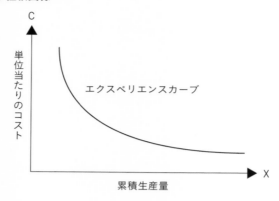

図表4-4　経験曲線

C

単位当たりのコスト

エクスペリエンスカーブ

累積生産量

X

出所：筆者作成。

資金が流出します（キャッシュフローがマイナス）。成熟期には，売上も利益もピークを迎えることで，これまで投資した費用を回収できるうえ，出費が減り，資金が流入します（キャッシュフローがプラス）。

　また，ボストン・コンサルティング・グループ（Boston Consulting Group：以下，BCG）は，「製品の累積生産量が倍増すれば，単位当たりのコストが20〜30％低減する」というコストと生産量との関係を経験則である「経験曲線」で示しました（**図表4-4**）。

　つまり，累積生産量が多いほどコストが下がり利益を生み，「市場占有率」も高くなるため，資金が流入します（キャッシュフローがプラス）。

2.2　成長に向けた資源の最適配分

2.2.1　PPM

　企業は，数多くの製品やサービスによって，事業を営みます。そして，この事業にもライフサイクルがあります。

　BCGは，市場成長率・市場占有率と，キャッシュフロー（資金の流出入）との関係から，製品ポートフォリオ・マネジメント（Product Portfolio

Management：以下，PPM）を提唱しました。

　PPM は，複数の事業を持つ企業（多角化企業）の経営者に対して，成長に向けた資源の最適配分のための意思決定の視点を示してくれるフレームワークです。

2.2.2　PPM が示す視点

　PPM は，二次元マトリクスからなる 4 つの枠で構成されます（**図表 4 − 5**）。

(1)問題児

　問題児事業は，市場成長率は高いものの，市場占有率は低く，多額の投資を必要とするため，キャッシュフローはマイナスになります。問題児事業は，主に立ち上げて間もない事業が多く，事業規模も小さいため，多額の投資を続けて育成する必要があります。

(2)花　形

　花形事業は，市場成長率・市場占有率ともに高い事業です。ただし，高い市場占有率を維持するため，多額の投資が必要です。そのため，キャッシュフローはマイナスになります。花形事業は，高い市場成長率に合わせて，事業規模が急速に拡大します。

(3)金のなる木

　金のなる木事業では，市場成長率は低く，新たな投資がほとんど不要となり，キャッシュフローがプラスとなるため，投資資金を生み出す資金源となります。金のなる木事業は，規模も大きく，安定した事業です。

(4)負け犬

　負け犬事業は，市場成長率・市場占有率ともに低く，キャッシュフローはマイナスになります。企業には，事業規模にかかわらず，負け犬事業からの撤退を検討することが求められます。

図表4－5 PPM

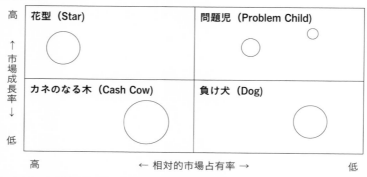

注：円の大きさは事業規模を表します。相対的市場占有率は，自社の市場占有率を競合他社の市場占有率で割って算出します。
出所：筆者作成。

2.2.3 PPM による事業成長のストーリー

　企業は，「金のなる木」の事業を複数持つことが理想です。そして，「金のなる木」の事業で生み出した資金を「問題児」事業に投資して，「花形」事業への成長を目指します。

　また，市場成長率が高く，競争の激しい「花形」事業にも投資を続け，将来，市場成長率が低下した際に，「金のなる木」事業へ移行することを目指します。ただし，「問題児」事業に投資をしても「花形」になれなかった事業や，「負け犬」に位置付けられた事業からは撤退の意思決定を迫られることになります。

　さらに，企業は，投資の成功確率を高めるため，「金のなる木」事業で生み出した資金を活用し，外部の企業やその事業に対してM＆A（Mergers & Acquisitions，合併と買収）を行い，「花形」事業を外部から手に入れることもできます。M＆Aによる事業の獲得は，自社で事業を育成する時間が省けるため，「時間を買う」ともいわれます。

2.3　製品・市場マトリクス

　アンゾフ（Ansoff）は，製品と市場の組み合わせによって，4つの戦略に分類しました（**図表4-6**）。

(1)市場浸透戦略（market penetration strategy）

　既存のターゲットとする顧客層に，既存の製品を購入する頻度や量を増大させる戦略です。そのために，企業はターゲットの顧客層に向けて，プロモーション施策（広告・宣伝・販売促進等）を強化し，購買頻度や購買機会当たりの購入量の増加を図ります。

(2)市場開発戦略（market development strategy）

　既存の製品を異なる市場，つまり，従来とは異なる地域や顧客層へと販路を拡大する戦略です。企業は，既存の製品の海外市場への展開や，新たな用途を見い出すことで，新たな顧客層の開拓を図ります。

(3)製品開発戦略（product development strategy）

　新製品を創出し，既存のターゲットとする顧客層に提供する戦略です。企業は，新規性の高い魅力的な製品の開発や，既存製品の品質や機能を改良した製品の開発により，売上の拡大を図ります。

(4)多角化戦略（diversification strategy）

　新たな製品を新たな顧客層に提供する戦略です。製品も市場や顧客層も新

図表4-6　製品・市場マトリクス

製　品　市　場	既存製品	新製品
既存市場	市場浸透	製品開発
新市場	市場開発	多角化

出所：Ansoff［1965］.

しくなるため，それぞれに関する情報も少なく，他の３つの戦略と比較してリスクが高くなります。

　しかし，多角化戦略によって，企業内部に埋もれている未利用資源を新たな事業分野において有効活用することができます。また，現在の市場と異なる市場で活動を行うことにより，経営環境の変化からの影響を最小限に抑え，リスク分散を図ることができるというメリットもあります。

　企業における事業の多角化には，主に水平型多角化と，垂直型多角化の２つのタイプがあります。

　水平型多角化とは，新たな製品分野へと進出する多角化です。新たな製品に挑戦することにより，新たな顧客層を開拓します。

　ただし，顧客層については，従来の製品の顧客層と同じタイプの顧客層を開拓します。たとえば，飲料製品のみを販売していた企業が，新たにアイスクリーム製品へと事業を拡大するケースが考えられます。この場合，顧客層は広がりますが，食料品関係の顧客層という意味では共通しています。そのため，製品の流通経路などでは，双方の製品で相乗効果（synergy）が働きます。

　垂直型多角化は，得意とする製品分野において，川上（原材料）から川下（消費）までの生産や流通のプロセスにおいて，従来は担当していなかったプロセスの業務へと拡大する多角化です。

　この多角化では，生産や流通プロセスの各段階を自社の業務として取り込むことで，自社の付加価値が増加し，収益の増加につながります。たとえば，アパレル製品の製造を中心としていた企業が，自ら研究開発組織を設け，新たな繊維を原材料として開発するケースや，自らオンラインショップを開設し，顧客に直接販売するチャネルを持つケースなどが考えられます。

3 イノベーション

3.1 イノベーションとは

3.1.1 イノベーションと新結合

イノベーション（innovation）という言葉を初めて使用したシュンペーター（Schumpeter）は，イノベーションを生み出す取り組みとして「新結合（neue kombination）」を掲げました。

新結合においては，新たな製品などの技術面での取り組みだけではなく，マーケティングや組織についてもイノベーションを実現するための要素であるとしました（**図表4-7**）。

また，ドラッカー（Drucker）は，イノベーションは7つの機会によってもたらされるとしました。7つの機会とは，「予期せぬ成功と失敗を利用する」「ギャップを探す」「ニーズを見つける」「産業構造の変化を知る」「人口構造の変化に着目する」「認識の変化をとらえる」「新しい知識を活用する」です。企業は，これらの機会を活かして，イノベーションの実現を目指します。

図表4-7　新結合

①	新しい生産物または生産物の新しい品質の創出と実現
②	新しい生産方法の導入
③	新しい販売市場の創出
④	新しい買い付け先の開拓
⑤	産業の新しい組織の創出

出所：Schumpeter［1926］．

3.1.2 イノベーションのプロセス

　イノベーションは，計画的に実行できるものではありません。イノベーションを実現し，十分な収益を獲得するまでのプロセスにおいては，さまざまな障壁を乗り越える必要があります。

　イノベーションを実現するまでの障壁は，「魔の川（Devil River）」「死の谷（Valley of Death）」「ダーウィンの海（Darwinian Sea）」と呼ばれ，その困難さを象徴しています（**図表4－8**）。

(1)魔の川

　研究開発により新技術を生み出した後，製品やサービスの開発に進むまでの障壁です。研究開発で新たな技術を創出すること自体，高い障壁がありますが，これを製品やサービスとして開発することは，さらに困難な障壁が存在します。

(2)死の谷

　新たな技術を製品やサービス化した後，事業化し市場に投入するまでの障壁です。新技術をもとに製品やサービスを創出しても，事業化して収益化するという困難な障壁を乗り越える必要があります。

(3)ダーウィンの海

　新たな製品やサービスの事業化の目途が立った後，市場にこれを投入し，ターゲットとする顧客層に認知させ普及させるとともに，競合優位性を獲得

図表4－8 イノベーションのプロセスと障壁

出所：筆者作成。

し競合に打ち勝つまでの障壁です。どんなに優れた製品やサービスでも，市場に知ってもらわなければ売れず，十分な収益も得られません。さらに，魅力的な市場ほど，競合企業が群がるため，勝ち残るという困難な障壁が待ち受けます。

3.1.3　イノベーションの普及

　製品やサービスが画期的であっても，市場に普及しなければ，イノベーションとして認められることはありません。ロジャース（Rogers）は，「イノベータ理論」によって，イノベーションが市場に浸透するプロセスである「イノベーションの普及曲線」を示しました（**図表 4 - 9**）。

　イノベータ理論は，イノベーションとして普及する消費者層には 5 つの段階があるとし，特に，「クリティカルマス（Critical Mass）」という段階を超えると，それ以降の採用速度が一気に加速するとしました。

①**革新者**（Innovator）

最初に製品とサービスの変革を実現するグループです。

②**初期採用者**（Early Adopter）

誰よりも早く変化に気づき，すぐに採用するグループです。

③**前期追随者**（Early Majority）

初期採用者の採用後の動向を見て，早めに採用するグループです。

図表4-9　イノベーションの普及曲線

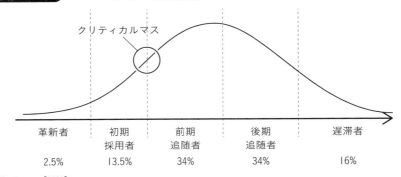

出所：Rogers［2003］．

④後期追随者（Late Majority）

前期追随者の動向には気づいても，慎重に考え，採用が遅れるグループです。

⑤遅滞者（Laggards）

あえて最後まで採用の決断をしないグループです。

3.2 イノベーションのジレンマ

3.2.1 持続的イノベーションと破壊的イノベーション

クリステンセン（Christensen）は，イノベーションのタイプには，主に「持続的イノベーション」と「破壊的イノベーション」があるとしました（**図表4-10**）。

持続的イノベーションを展開する企業は，既存の顧客層に高価格で販売できるため，良質な製品を作ることに集中すれば競争優位を得られます。そのため，製品性能が，従来の顧客層のニーズを超えても，従来製品よりも優れた性能を生み出し続け，ハイエンドの顧客層からより多くの収益獲得を目指します。

図表4-10 持続的イノベーションと破壊的イノベーション

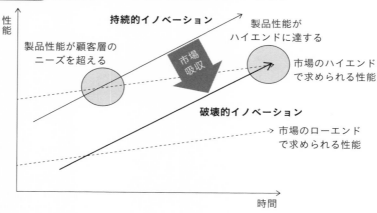

出所：Christensen［1997］．

一方，破壊的イノベーションは，従来は重視されていなかった顧客層に，低価格，シンプルで便利な製品やサービスを提供します。この市場は，新規参入者が優位性を確保できる市場です。破壊的イノベーションを展開する企業が持ち込む製品やサービスは，関連市場において性能を向上させ，持続的イノベーションの軌跡を破壊しながら，市場を吸収してしまいます。

しかし，持続的イノベーションを展開する企業は，破壊的イノベーションをもたらす製品やサービスをわかっていても，低価格化などに対応すると自らの事業を破壊してしまうため対応できません。この状態が「イノベーションのジレンマ」であり，好業績をあげた大企業ほど陥りやすいといわれています。

3.3　オープン・イノベーション

3.3.1　オープン・イノベーションの定義

オープン・イノベーション（open innovation）は，チェスブロウ（Chesbrough）によって提唱されました。

チェスブロウによるとオープン・イノベーションとは，「企業内部（自社）のアイデア・技術と外部（他社）のアイデア・技術とを有機的に結合させ価値を創造すること」です。反対に，すべてを自社内で完結して価値を創出しようとする取り組みは，「クローズド・イノベーション」といいます。

企業がオープン・イノベーションに取り組むメリットとしては，外部との連携によって，製品やサービスの開発時間や人件費，研究開発費などを効率化できること，自社では思いつかない新たなアイデアや技術を活用できること，自社で埋もれていたアイデアや技術を外部で活用してもらえること，などがあります。

3.3.2　オープン・イノベーションの分類

オープン・イノベーションは，その特徴から3つに分類されます。

(1)インバウンド（inbound）型

インバウンド型は，取引先や顧客などの外部の知識との統合を通じて，自社知識の基盤を強化し，イノベーションを実現します。

(2)アウトバウンド（outbound）型

アウトバウンド型は，知財の売却や外部環境へのアイデアの提示や普及の支援を行うことによって，イノベーションが創出されることを期待する取り組みです。

(3)カップルド（coupled）型

カップルド型は，(1)(2)の特徴を併せ持ち，ユーザー，顧客，大学，研究機関，異業種パートナーなどの多様なステークホルダーとの共同開発，オープン・ソースのプロジェクト開発などを通じてイノベーションを実現します。

3.3.3　オープン・イノベーションの進展

オープン・イノベーションが提唱された当初は，大企業の研究開発機関を中心としていましたが，その後，幅広い領域で活用されるようになりました。大企業に限らず，経営資源の乏しい中小企業も，自社の経営資源の強みを活かし，足りない経営資源を外部から補完することで，オープン・イノベーションを有効に活用しています。

また，オープン・イノベーション自体も，対象を広げ，進化を遂げています。企業との連携に限らず，ユーザーや自治体等，幅広いステークホルダーと連携し，デジタル化の波に乗って，プラットフォーム上で柔軟に連携して，新たな価値の創造を実現しています。

Research

1. 自分の知っている企業のコア・コンピタンスについて考えてみよう。
2. 自分の知っている企業を1社取り上げ，PPM や製品・市場のマトリクスを作成してみよう。
3. 日本企業のオープン・イノベーションの事例について，その成果も含めて調べてみよう。

Debate

1．Research の 2 で作成した PPM や製品・市場のマトリクスを使い，当該企業の今後の事業の方向性について議論しよう。

2．何がイノベーションであり，何がイノベーションではないのか，について議論しよう。

●参考文献

Andrews, K. R. [1971] *The Concept of Corporate Strategy*, Dow Jones Irwin.（山田一郎訳『経営戦略論』産業能率短期大学出版部，1976 年）

Ansoff, H. I. [1965] *Corporate Strategy: An Analytic Approach to Business Policy for Growth and Expansion*, McGrow-Hill.（広田寿亮訳『企業戦略論』産業能率短期大学出版部，1969 年）

Barney, J. B. [2002] *Gaining and Sustaining Competitive Advantage, Second Edition*, Pearson Education, Inc.（岡田正大訳『企業戦略論（下）全社戦略編』ダイヤモンド社，1995 年）

Chesbrough, H. [2003] *Open Innovation: The New Imperative for Creating and Profiting from Technology*, Harvard Business School Press.（大前恵一朗訳『OPEN INNOVATION』産業能率大学出版部，2004 年）

Christensen, C. M. [1997] *The innovator's dilemma: When new technologies cause great firms to fail*, Harvard Business School Press.（伊豆原弓訳『イノベーションのジレンマ（増補改訂版）』翔泳社，2001 年）

Drucker, P. F. [1985] *Innovation and Entrepreneurship*, HarperCollins Publishers.（上田惇生訳『ドラッカー名著集⑤　イノベーションと企業家精神』ダイヤモンド社，2007 年）

Hamel, G. and C. K. Prahalad [1994] *Competing for The Future*, Harvard Business School press.（一条和生訳『コア・コンピタンス経営—大競争時代を勝ち抜く戦略』日本経済新聞社，1995 年）

OECD & Eurostat [2018] *Oslo Manual guidelines for collecting, reporting and using data on innovation 4th Edition*, OECD Publishing.

Rogers, E. [2003] *Diffusion of Innovations Fifth Edition*, Simon and Schuster.（三藤利雄訳『イノベーションの普及』翔泳社，2007 年）

Schumpeter, J. A. [1926] *Theorie der wirtschaftlichen Entwicklung*. Duncker and Humblot.（塩野谷祐一・中山伊知郎・東畑精一訳『経済発展の理論』岩波書店，1937 年）

伊丹敬之 [1984]『新・経営戦略の論理—見えざる資産のダイナミズム』日本経済新聞社。

水越豊 [2003]『BCG 戦略コンセプト—競争優位の原理』ダイヤモンド社。

第 5 章

企業の競争戦略とグローバル化

- ●競争の基本戦略のあり方と，基本的な競争優位の源泉を明らかにしたうえで，競争とは何かを学びます。
- ●競争戦略が事業活動の中心に位置づけられ，最も重要な戦略となっていることを学びます。
- ●新たな市場を獲得するグローバル戦略と新たな市場環境適応の重要性について学びます。

競争戦略　競争優位　競争と協調　ブルーオーシャン戦略　グローバル化

1 競争と競争戦略

1.1 企業間競争における戦略的視点の誕生

1.1.1 競争戦略の登場

　1970 年代までの米国企業は多角化による事業の拡大を主眼とした戦略が主流でした。1980 年代に入るころには経済成長を続ける日本をはじめとしたアジア諸国から安価な製品が米国企業の持つ市場へ流入し，結果として米国は慢性的な貿易赤字と財政赤字の双子の赤字を抱えるという状況になりました。

　特に，当時の米国を代表する産業分野であった鉄鋼，造船，自動車やエレクトロニクス，半導体といったハイテク産業分野も，日本企業の成長による

影響を大きく受けていました。このことで，第二次世界大戦以降続いていた米国の一強体制がかげりをみせ，米国企業は相対的に国際的競争力を低下させることになりました。

　その結果，競争が激化することによって多角化による拡大路線が行き詰まりをみせ，新たな戦略が必要になっていきました。このような状況下で，企業の関心は「多角化した事業を効率よく管理する」ことから，「多角化した個別事業が業界の中でいかに競争優位を構築，維持していくのか」という個別の「事業」の競争のあり方へと移っていきました。

1.1.2　競争の定義と競争戦略

　企業は，市場での占有率を高めるとともに収益性を高めるために優位な立場や条件を獲得し，市場（顧客）に受け入れてもらうようさまざまな活動を行う必要があります。この市場（顧客）に選択してもらうために企業が持つ誘因を競争優位といい，長期にわたって市場において優れた収益性を確保し続ける企業は，競合他社に比べて，持続的な競争優位があるということになります。企業は，この競争優位を構築し市場（顧客）を獲得するための戦略である競争戦略を採用しています。

　ただし，単なる「競争」「ライバルとの競争」という視点ではなく，「価値（value）を提供する」という点に主眼を置くことで，ライバルのいない新たな市場の創造や，イノベーションによって生まれる新しい価値を市場に与えることで，新たな地位を獲得し続けています。

1.1.3　ポーターの競争戦略と戦略的思考

　ポーター（Porter）は競争戦略の代表的な論者であり，特に「5つの競争要因（ファイブ・フォース）」や「競争の基本戦略」「バリューチェーン（価値連鎖）」はその後の企業の戦略に大きな影響を与えました。

　従来の業界における既存企業間競争だけでなく，その企業が与える価値の創造についても言及し，以下のように競争優位と競争戦略について指摘しました。

　競争優位とは，基本的には買い手のために創造できる価値から生まれるものとし，競争戦略とは，自社と他社とが競争が発生する基本的な場所である業界において，有効な競争優位を構築することであり，その狙いは業界における競争状況を左右するいくつかの要因を利用し，収益をもたらす確固とした地位を確立することであるとしました。

　前述したように，1980年代の米国企業は後発の日本企業に猛追を受け，競争力の強化が課題になっていました。その中で，ポーターの「まずは自社のことをよく知り，そのうえでライバル企業のことを知る」という戦略的思考は多くの企業で使われるようになりました。

　これを機に，さまざまな企業の競争戦略について多くの議論が交わされることになります。

1.2　競争の基本戦略

1.2.1　ポーターの5つの競争要因と基本戦略

　企業は自社の対象とする市場がどのような状況に置かれているかを分析するために，ポーターの「5つの競争要因」を使います。これは企業が特定の業界において他社に対して優位な競争地位を得るために，自社のポジションをいかに決定するかということに重点を置いているからです（**図表5－1**）。

　それに対し，「基本戦略」は競合他社との競争に勝つための具体的な戦略を提示しています。

　企業（または事業）によってさまざまな競争優位が存在し，どれか1つが最も優れた戦略であるということではありません。しかし，単純化することで，次の2つの軸によって競争の基本戦略を策定することができます。

　基本戦略は，1つ目の軸は企業にとって利益をもたらす「競争優位の構築のタイプ」から「他社よりも低コスト」「差別化・製品の特異性」の2分類と，次に2つ目の軸である「標的市場（戦略ターゲットの幅）」から「業界全体の顧客をターゲット」「業界の部分的な顧客をターゲット」の2分類によっ

図表5−1 5つの競争要因

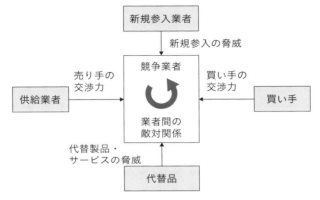

出所：Porter［1985］.

てもたらされる4つのマトリックスで表されます（**図表5−2**）。

　企業は4つのマトリックスにおける自社の妥当なポジションを正しく認識することによって，効果的な基本戦略を見出すことができます。

図表5−2 3つの基本戦略

		競争優位の構築のタイプ	
		他社よりも低コスト	差別化・製品の特異性
標的市場（戦略ターゲットの幅）	全体（広いターゲット）	コスト・リーダーシップ戦略	差別化戦略
	部分的（狭いターゲット）	集中戦略（コスト集中戦略）	（差別化集中戦略）

出所：Porter［1985］の図をもとに筆者加筆修正。

1.2.2 バリューチェーン

　ポーターは競争優位とは，企業が顧客に提供できる価値から創造されるもので，その価値を生み出す連鎖システムとしてバリューチェーンという分析方法を考案しました（**図表5-3**）。

　企業が行う活動は，バリューチェーンによると，価値をつくる活動とマージンとから構成されています。このマージンとは，企業が事業活動を行うことで価値をつくり出し，市場からその対価を得られる利益のことを意味します。マージンは企業が諸活動を行うことで提供される総価値と，価値をつくる活動の総コストの差から生み出されます。

　これは，競争優位が企業の内部活動におけるどの部分から構築されるのかを説明するモデルであり，製品やサービスが企業活動のどの部分によって価値を付加されているかを確認するための有効な分析方法として活用されています。

　企業はバリューチェーンを活用することで，より自分たちの強みや，自社の企業活動内部の強化すべき弱みを認識します。ただし，企業によっては直

図表5-3 バリューチェーン

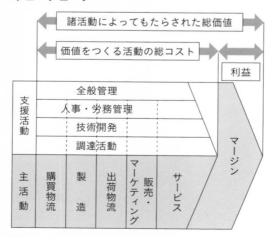

出所：Porter［1985］の図をもとに筆者加筆修正。

接的な収益を連想しやすい主活動ばかりに目が行きがちで，支援活動がおろそかになり，バリューチェーンが正常に機能しないということもあります。

1.3 競争地位

1.3.1 コトラーの競争地位

　コトラー（Kotler）に代表される競争地位にフォーカスを当てた競争戦略で，相対的地位（業界内における自社の地位）にもとづいて，自社にとって望ましい戦略を採用することが求められます。

　業界における企業の市場占有率が異なれば，当然，企業のとるべき戦略も異なります。

　コトラーは，業界内における自社と競合他社の相対的地位を競争地位とし，量的経営資源と質的経営資源によって業界内における競争地位の順位を決定しました（**図表5－4**）。

　そのうえで，企業の市場における相対的地位を，市場占有率を尺度として用いることによって，競争戦略における定石を示しています。

図表5－4 **相対的経営資源による競争地位の類型**

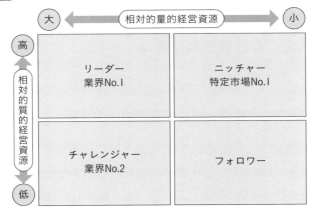

出所：嶋口［1986］をもとに筆者加筆。

図表5-5 競争地位と戦略定石

競争地位	採用すべき戦略	市場目標
リーダー	全方位戦略 コスト・リーダーシップ戦略	・周辺需要拡大 ・同質化 ・非価格対応 ・最適シェアの獲得
チャレンジャー	差別化戦略	・市場シェア
フォロワー	模倣戦略	・生存利潤
ニッチャー	集中戦略	・擬似的独占 （特定市場におけるリーダーの戦略）

出所：Kotler［1980］をもとに筆者作成。

　企業の競争地位は市場占有率に応じて，「リーダー（leader）」「チャレンジャー（challenger）」「ニッチャー（nicher）」「フォロワー（follower）」と4つに類型化されます（**図表5-5**）。

　ただ，この4類型は，企業にとってどの類型が望ましいかという評価自体に意味はなく，それぞれの戦略地位において，どのような戦略を採用すれば効果的であるかということを確認するために行うものです。また，この戦略地位は固定的なものではなく，競争環境の変化に応じて，地位が入れ替わってきますので，その時点での地位ということになります。

2　VUCA時代と競争戦略

2.1　静態的な環境から動態的な環境への変化

　企業はVUCA（Volatility（変動性），Uncertainty（不確実性），Complexity（複雑性），Ambiguity（曖昧性））時代を認識して活動することが当たり前となり，グローバル化の進展，情報化の進展が目まぐるしい動態的な環境においては，ポーターが提唱した競争戦略のツールでは対応が難しいことが指摘さ

れています。

すなわち，ポーターの提示した競争戦略は静態的な環境や，一時点での環境分析には効果を発揮しますが，変化の激しい動態的な環境に対しては限界がみられるという指摘です。

ただ，ポーターやコトラーが提示した競争戦略は現代においても戦略を考えるうえでの基本となっています。

また，さまざまな競争優位を構築するための戦略が提唱されてきましたが，企業はそれ1つをクリアすればよいということではなく，環境，状況に即したより柔軟で複雑な組み合わせや新たな競争優位の構築を行うことが必要です。

2.2　競争と協調の戦略

ネイルバフとブランデンバーガー（Nalebuff & Brandenburger）は，ビジネスというゲームにおいては，プレイヤーはパイを作り出すときには協力し，そのパイを分けるときには競争することから，競争すると同時に協力する側面があるとしています。

これは，市場を創造する，市場を育てる際は，競合企業同士が協力者となり，需要量を増加させるが，その市場におけるシェアの獲得に際しては，企業間で競争するということを意味しています。

このような競争（competition）と協調（cooperation）の関係を，彼らは2つの用語から造語し，コーペティション（co-opetition）経営と呼び，コーペティションにおける各プレイヤーの相関関係を「価値相関図」として提示しています（**図表5-6**）。

価値とは，すべてのプレイヤーがゲームに参加した場合のパイの総量のことをいい，ゲームの状況を自社に有利となるよう変えるには，ゲームにおける5つの要素「パーツ（PARTS）」の少なくとも1つの要素を変える必要があると指摘しました。

パーツとは，「プレイヤー（players）」「付加価値（added values）」「ルー

図表5−6 価値相関図

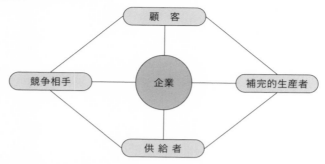

出所：Nalebuff & Brandenburger [1996].

ル（rules）」「戦術（tactics）」「範囲（scope）」のそれぞれの頭文字をとっ
て名付けられています。

2.3 ブルーオーシャン戦略

　近年では，既存市場での活動に終始するのではなく，新たな市場を創造す
ることで，競争から脱却し，たとえ後から競合企業が参入してきたとしても，
確立されたビジネスモデルにより先発者としての利益を獲得することも多く
みられるようになりました。

　この戦略は，キムとモボルニュ（Kim & Mauborgne）によって提唱され
た，「従来存在しなかったまったく新しい市場を生み出すことで，新領域に
事業を展開していく戦略」のことです。

　彼らは，今日存在するすべての産業は，競争の激しい既知の市場空間であ
り，「レッドオーシャン（血で血を洗う戦いを繰り広げる赤い海）」であると
しました。また，従来の市場であるレッドオーシャンにおいてはライバル企
業と競争し勝つことが重要であり，ビジネスの世界から消えてなくなること
はないであろうとしています。

　それに対し，今はまだ生まれていない市場，競争のない未知の市場空間を
「ブルーオーシャン（競争のない青く澄んだ海）」と呼びました。ブルーオ

ーシャンは，未開拓な市場であるため，需要を掘り起こし，これまでの産業の枠組みを超え，その外に新しく創造されるものであるとしています。

このまったく新しい市場を切り開いて創造されたブルーオーシャンでは，従来の意味での競争自体が無意味になり，高成長・高収益が期待できるのです。

彼らは，ライバル企業を打ち負かそうとするのではなく，顧客や自社にとっての価値を大幅に高めることによって，競争のない未知の市場空間を開拓して競争を無意味なものとすることが大切であるとしています。

3　グローバル化と競争戦略

3.1 グローバル化の進展

グローバル化は VUCA 時代の加速に大きく影響を及ぼしました。静態的であった環境がより動態的になっていく過程で，国際化が叫ばれるようになり，グローバル化が主流になってきたのです。

国際化（internationalization）とは，国と国の境界である国境を前提とした考え方で，それによって分断されている2国間，ないしは複数の国での活動を意味しています。

一方，グローバル化（globalization）は，globe が意味するように企業が「地球」規模で市場をとらえることです。具体的には，企業の経営活動を支える労働，生産，金融，研究開発・技術といった経営資源獲得の地球的規模への拡大という視点からの経済・市場のボーダーレス化のことをいいます。

3.2 グローバル戦略

1980 年代には米国企業を猛追した日本企業も，近年では，国内需要の減退とアジアやアフリカを中心とした途上国の成長により，日本企業が生産した中間財や生産財が消費の中心であった国や地域が消費財やサービスの生産

を積極的に行うようになってきました。それらの途上国の技術の進展により日本企業の相対的影響力も弱まっており，グローバル戦略の重要性が増してきています。

しかし，日本は世界の共通言語である英語の習熟率の低さなどが影響し，企業がグローバル化のための新しい活動を行う人材の獲得・育成が困難なものになっています。

3.2.1　企業のグローバル化とグローバル企業の新たな競争優位

グローバル化の段階は，①輸出（直接・間接），②販売拠点，③生産拠点，④市場立地型があり，直接投資による現地への100%出資の子会社の設立や，現地企業との合弁会社の設立，海外生産の拠点としての自社工場の設立，現地企業への資本参加などがあります（図表5−7）。

また，長年の国際化，グローバル化の進展によって，企業が誕生した国ではなく，展開した拠点で多国籍企業がある程度自立した企業として現地化を行うケースも増えました。一方でグローバル企業のように，地球規模で展開した拠点にあるすべての機能やサービスをすべての拠点で共有することで競争を乗り越える企業もあります。

特にインターネットやスマートフォンの普及により，物理的な距離や障害

図表5−7　グローバル化の段階

グローバル化の段階	輸出によるグローバル化	販売拠点のグローバル化	生産拠点のグローバル化	市場立地型のグローバル化
生産	国内		海外	
製品	国内製品と同じ			独自製品

出所：筆者作成。

がなくなった影響から，企業はインターネットを利用することでグローバル化を進展させています。

　グローバル企業ではそれぞれの国籍に捉われる必要がなく，価格，品質，技術や企業内輸入の観点から取り得る最適解を導き出すことで競争優位を構築しています。

3.2.2　グローバル化とエネルギー問題

　グローバル化が進展したとはいえ，従来のように，原油価格，為替，株価の変動の影響は決して少なくないため，より厳しい為替の変動を前提とした生産体制の構築や，エネルギー資源の有効活用，再利用化の構築が課題となっています。

　近年，資源に関しては，人間や企業活動によって，消費する天然資源の量が，地球が1年間に再生産できる資源の量を超える日に対して警鐘を鳴らす「アースオーバーシュートデー」もあり，この問題に積極的に取り組むことや，情報を発信することで，消費者への訴求力を持ち，企業の競争優位を構築する結果にもなってきています。

3.3　企業のグローバル化の目的と競争

　グローバル化は，成長戦略における多角化の1つの形態として考えられます。多角化は，自社の持つ競争上の利点を活用し，新規製品・新規事業分野へと企業活動を拡張することであり，企業が海外に生産拠点や販売の拠点を持つことで，持続的成長をもたらします。

　企業がグローバル戦略を行う理由は，「新市場開拓による成長の機会の追求」「経営資源調達の低コスト化」「リスクの分散」の3つに分類され，国内市場で構築した競争優位や国外市場で構築した競争優位をすべての市場で活用することで，より強固な競争優位を構築できます。

3.3.1　グローバル化と適時性ある価値の提供

　企業は，国内市場が成熟・飽和することにより需要が横這いまたは衰退した場合，持続的成長を図るため海外進出を行います。これは単に海外に新市場があるということだけではありません。

　世界的規模でみると，それぞれの市場の成長スピードは同じではなく，国や地域によって，市場規模の成長や需要と供給に時間的なズレが生じています。市場の成長段階に即し適時性ある価値の提供が競争優位構築には必要不可欠となります。

　そのため，対象となる海外市場の需要が国内需要と比較して前段階であった場合は，これまでに国内で開発・蓄積した経験や技術を中心とした経営資源を再利用することが可能になります。

3.3.2　企業が抱えるグローバル化における情報の問題

　近年，急速なグローバル化により，進出した拠点が増え，海外の現地法人との情報交換，適時性ある情報収集が必要不可欠になるにつれて，経営資源である情報のデジタル化が急務となってきました。

　各拠点から得られた情報を一元管理し活用するためには，企画，購買物流，生産，販売といった各プロセスに関する機能から得られたデータや情報を活用するシステムの構築が必要になります。

　イノベーションによってさまざまな製品やサービスが生まれていますが，それを生み出すための情報の管理や活用するシステムの構築に企業は取り組むことで，より有利な情報や製品・サービスを市場へと送り出しています。

　その得られた情報をもとに，企業は，今後グローバルに戦略を展開していくために，業務や事業内容をどう変えていくのか，明確に示す必要があります。

3.3.3　企業が抱えるグローバル化における文化的問題

　企業は，グローバル化によって進出した先では，現地での文化・社会・宗教・政治・経済の状況に適応することが重要になってきます。国や地域によ

ってこれらの環境は大きく異なり，日本国内の常識やルールをそのまま移行することができなかったり，価値観や市場の成熟度の違いによって導入するタイミングが違ったりします。

　そこで，グローバル化を進める際に留意すべきこととして，「文化要因」「政治要因」「市場要因」の3つがあげられます。

　進出先候補地における3つの要因を明確にするために，事前に実現可能性調査・採算性調査（feasibility study）を行うことが必要になります。

　この調査によって，進出先のローカルな状況に合わせて現地化を行い，企業活動を適合することで留意点を解消するか，異なる国や地域に共通する項目を抽出することによって，より広い地域でのグローバル化を採択し留意点を解消する方法をとるか，検討する必要があります。

Research

1. 自分の知っている企業の競争優位を調べてみよう。

2. Research 1で調べた競争優位が，当該企業の競争戦略にどのように機能しているか調べてみよう。

3. 企業のグローバル化の事例を調べてみよう。

Debate

1. 価値を創造することと競争の本当の意味について議論しよう。

2. 競争と協調のバランスをどのようにとればよいか議論しよう。

●参考文献

Kim, W.C. & Mauborgne, R. [2005] *Blue Ocean Strategy*, Harvard Business School Press.（有賀裕子訳 [2005]『ブルーオーシャン戦略』ランダムハウス講談社）

Kotler, P. [1980] *Marketing Management*, Prentice-Hall.（村田昭治監修 [1988]『マーケティング・マネジメント』プレジデント社）

Nalebuff, B.J. & Brandenburger, A.M. [1996] *Co-opetition*, Harper Collins Business.（嶋津祐一・東田啓作訳 [1997]『コーペティション経営』日本経済新聞社）

Porter [1980] *Competitive Strategy Competitive Strategy: Techniques for Analyzing Industries and Competitors*. Free Press.（土岐坤・中辻萬治・服部照夫訳 [1982]『競争の

　　戦略』ダイヤモンド社)

Porter, M.E. [1985] *Competitive Advantage*, Free Press.（土岐坤・中辻萬冶・小野寺武夫訳
　　［1985］『競争優位の戦略—いかに高業績を持続させるか』ダイヤモンド社)

Hamel, G. & Prahalad, C.K. [1994] *Competing for the Future*, Harvard Business School
　　Press.（一條和生訳［1995］『コア・コンピタンス経営—大競争時代を勝ち抜く戦略』日本
　　経済新聞社)

青島矢一・加藤俊彦［2003］『競争戦略論』東洋経済新報社。

外務省［2021］「持続可能な開発目標（SDGs）達成に向けて日本が果たす役割」。

楠木建［2010］『ストーリーとしての競争戦略』東洋経済新報社。

第 **6** 章 | 企業の組織構造と
組織文化

Points

●複数の人々が協力して共通の目標を達成するために行動する集まりである組
織の目的と定義について理解します。
●企業組織のさまざまな形態についての基本的な概念を学びます。
●企業組織では社風ともいわれる，組織文化について学んでいきます。

Key Words

公式組織　協働意欲　組織構造　組織形態　組織文化

1 組織とは

1.1 組織の目的

　企業や学校，病院，行政機関等を構成する人々の集まりを組織といいます。
個人の力では達成できない目標（課題）を，複数の人々の協力によって達成
するために組織は必要となります。すなわち，特定の課題を達成することを
目的に，複数の人々が協力して活動する集合体が組織であるといえます。

　組織によって達成しようとする課題は，経済的な利益と社会的な利益に分
かれます。企業は経済的な利益を追求する営利組織であり，学校や病院，行
政機関は社会的な利益を追求する非営利組織に位置づけられます。

1.2 組織の定義

　現代の組織論の基礎を作ったとされるバーナード（Barnard）は，組織に

ついて「2人以上の人々の意識的に調整された活動や諸力の体系」と定義しています。バーナードはさらに，組織を成立させるための3つの条件を示しました。

①共通の目標

組織は，複数の人々が共通の目標を達成するための社会的な手段であるといえます。個人では達成することが難しい目標が，組織によって可能となることから組織が生まれたものと考えられます。

②協働する意欲

共通の目標を共有して力を合わせて活動しようという意欲を指します。メンバーに組織への貢献意欲がないと，組織は成り立ちません。

③コミュニケーション

共通の目標に向けた協働活動には，メンバー間のコミュニケーションによって情報を共有することが求められます。また，コミュニケーションによる情報の共有化に加えて，それぞれのメンバーに一定の仕事をさせ，意識的に調整する努力が必要です。

すなわち，管理（management）が存在することになります。企業組織に代表される目標に向けた活動を意識的に調整される組織を「公式組織」，メンバー間のコミュニケーションを通じて自然成長的な過程の結果として生まれた組織が「非公式組織」です。バーナードの組織の定義は，公式組織を定義したものです。

1.3 マクロ・アプローチとミクロ・アプローチ

組織に関する研究は，2つに類型化されます。1つ目はマクロ・アプローチと呼ばれ，組織理論や組織のマクロ理論とも称されます。組織を社会集団の箱と捉えて，「良い組織とは何か」について，その構造やデザイン等から議論する研究です。

2つ目はミクロ・アプローチと呼ばれ，組織行動論や組織のミクロ理論とも称されます。組織を構成するメンバーに着目して，「良いメンバーを創出

するには」について，メンバーの動機づけやリーダーシップ等から議論する研究です。

　この２つの分類は便宜的なものであり，完全に切り離して考えるのではなく互いに重なり合うこともあります。ミクロ・アプローチは第Ⅲ部で学ぶこととし，本章では，マクロ・アプローチについて学んでいきます。

2 組織構造

2.1 組織の構造と形態

　組織は意識的に調整された人々の活動の集合体です。したがって，メンバーそれぞれには行うべき仕事があります。その行うべき仕事を「課業」と呼びます。複数の課業を結集して活動することで，組織としての目標を達成していきます。この課業相互の関係のあり方と，メンバーが活動するための調整の仕組みを「組織構造」といいます。

　また，管理者は組織としての活動を分業化して課業を設定し，それを適切なメンバーに割り当てることや，メンバー相互や部門間で課業の調整を図る管理を行います。この分業や調整は，外見的な特徴から類型化することが可能であり，「組織形態」といいます。

　組織構造は，課業相互の関係のあり方と，メンバーが活動するための調整の仕組みです。以下では，その仕組みである分業化と階層化・部門化についてみていきます。

2.1.1 分業化

　経済的な利益を追求する営利組織である企業組織が共通目標を達成するためには，活動の効率性や生産性を視野に入れることが求められます。そのためには，組織活動（仕事）を分割して課業を設定し，適切にメンバーに割り

当てる分業化の作業が必要です。

　分業化には，以下の2つのメリットがあります。

①課業の単純化

　メンバーが飲食店で調理も洗い物も接客も担当すると教育に多くの時間を要することになりますが，接客だけの担当であれば教育も短時間で課業に慣れ効率的な稼働が可能となります。

②専門的な知識の蓄積

　メンバーが経理や製品開発等の特定の課業に深く長期間かかわることで，専門的な知識が蓄積されることとなり，生産性の高い稼働が可能となります。

　より効率的な組織活動に向けた分業化を進めるためには，組織のメンバーに割り当てられた課業や権限，責任等を明確に掌握したうえで，組織活動を見直し分割して，部門ごとにメンバーを再配置し部門間の調整を図る仕組みの構築が期待されます。

2.1.2 階層化・部門化

　組織の部門ごとにメンバーを適切に配置していく組織構造によって，効率性を獲得していきます（**図表6-1**）。

　メンバーを適切に配置する基準は，以下の2つがあります。

①階層化

　組織内の地位を基準として配置します。部長・課長・係長とメンバーを地位（役職）によって垂直に配置することで，組織内の公式的な権限の関係が示されます。

　たとえば，階層の上位者である部長は下位者の課長や係長に指示や命令を

図表6-1　組織構造の類型

```
                ┌── ①階層化　組織の垂直的分化
組織構造 ──┤
                └── ②部門化　組織の水平的分化
                              （職能別，製品・サービス別，地域別，顧客別）
```

出所：松本［2015］をもとに筆者作成。

図表6－2 階層化・部門化

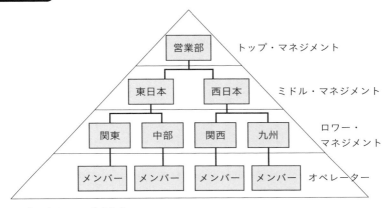

出所：松本［2015］をもとに筆者作成。

出す権限を持つこととなります。したがって，階層化は「組織の垂直的分化」ともいいます。

②部門化

組織内の役割を基準として水平に配置します。たとえば，営業，製造，研究開発等の職能別や，テレビ，冷蔵庫，洗濯機等の製品・サービス別，関東，関西，九州等の地域別に配置します。このように，階層化は地位別という単一の基準ですが，部門化は複数の基準が想定されます。部門化は「組織の水平的分化」ともいいます。

組織の役割や規則を定めて，階層化と部門化によって権限を配分する構造は，組織図としてほぼすべての組織でみることができます（**図表6－2**）。これは固定化するのではなく，経営環境の変化によって修正や刷新することで，より安定した組織の構造を目指すことが期待されます。

2.2 組織形態の基本

階層化と部門化によって形成された組織構造は，外見的な特徴から類型化することができ「組織形態」といいます。以下では，代表的な組織形態をみていきます。

2.2.1 職能別組織

　企業組織には，営業，製造，研究開発，経理，人事等の部門が存在します。これらの部門は専門的な技術や技能をもとに分類されており，「職能」といいます。企業組織の規模の拡大とともに，組織全体の効率化を図るために分業の必要性が生じたことから，職能によって部門化された組織形態です（**図表6-3**）。

　職能別組織の各部門では，部門として定められた職務の遂行に専念します。組織全体の意思決定については，トップ・マネジメントがすべての部門を統括して行います。そのため，トップ・マネジメントに権限を集中させる集権的な構造であるといえるでしょう。

　職能別組織の主な特徴としては，以下の2つがあげられます。

①課業の重複防止

　職能別組織は職能ごとに活動が分業化されることから，課業の重複を避けることができます。また，類似の課業をまとめて部門化することで，課業の効率化も進むこととなります。

②専門的知識・技能の蓄積

　各部門の課業活動の中で専門的経験を繰り返すことから部門固有の知識や技能の蓄積が容易で速くなり，課業活動の効率化も進みます。

　しかしながら，以下の2つの限界も指摘されています。

①集権的な意思決定の負荷

　権限がトップ・マネジメントに集中する集権的な意思決定のため，トップ・

図表6-3 職能別組織

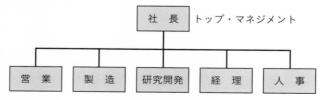

出所：筆者作成。

マネジメントは各部門の活動の管理・調整に多くの時間を費やすことで、経営環境の変化に瞬時に対応する組織全体の意思決定を行う時間が限られてしまいます。

②人材育成の限界

各部門では高度な専門知識や技能の形成は進みますが、組織全体の視点による判断と意思決定を行うトップ・マネジメントの育成には限界が生じてしまいます。

企業組織が単一の製品やサービスを供給する段階では、職能別組織は専門的な知識や技能の蓄積によって高い経営成果を生み出すことのできる組織構造といえるでしょう。

企業組織が成長に伴い複数の事業を営む多角化の段階になると、製品やサービス、対象となる顧客や地域を基準とした部門化へと変化していくことが求められるようになります。

2.2.2 事業部制組織

企業組織が複数の事業を営む多角化の段階となり、製品やサービス、対象となる顧客や地域を基準に部門化した組織形態です。事業部ごとに研究開

図表6－4 事業部制組織

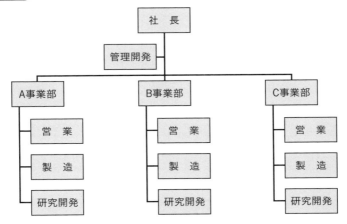

出所：筆者作成。

発，製造，営業，購買等の職能が含まれています。したがって，事業部内で製品・サービスを開発し，製造，販売することができます。独立した意思決定を可能とする分権的な構造であるといえるでしょう。

総務や財務等の管理部門も事業部ごとに内包する場合もありますが，**図表6－4**では間接コストの低減を図るために事業部の外部に管理部門として設置する形を表しています。

事業部制組織の主な特徴としては，以下の４つがあげられます。

①迅速な意思決定

事業部内で独立した意思決定ができることから，事業部ごとに経営環境の変化に対してすばやく臨機応変に適応することが可能です。

②利益責任単位

各事業部で開発から製造，販売までを独自に活動できるため，事業部長は独立採算制によって業績に責任を負う「利益責任単位（profit center）」となっています。その結果，トップ・マネジメントは各事業部について業績数値を管理することで済み，企業組織全体と事業部間の経営資源の配分に専念することができます。

③経営人材の育成

各事業部が自己完結型の意思決定を行うため，事業部長は事業部の責任者として，研究開発から製造，販売等の職能を総合的に理解し判断することが求められます。これは，将来のトップ・マネジメントを担うゼネラリストの育成に適している仕組みであるといえます。

④競争意識の高まり

各事業部が自己完結型の組織形態であることから，事業部間に競争意識をもたらすことが可能となります。競争意識が高まることで，事業部だけでなく企業組織全体の活性化へとつながります。

しかしながら，職能組織と同様に，以下のようないくつかの限界も指摘されています。

分権的な構造であるため，各事業部が利益獲得のために独自の意思決定を行った結果，企業組織全体としてみると，複数の事業部で課業や経営資源の

重複が生じる可能性があります。

　同様に独自の意思決定を進めた結果，事業部ごとの製品やサービスが一部重複し，事業部間での競争となる可能性があります。その場合，部門間での調整は難航するでしょう。事業部長が短期の業績評価を過度に重視した結果，研究開発等の長期的な視点での投資を先送りする可能性があります。

　事業部制組織の持つ限界の補完を目指す仕組みとしては，カンパニー制や分社化，持株会社などがあります。

2.3 組織形態の応用

2.3.1 タスク・フォース（プロジェクト・チーム）

　特定の組織活動（仕事）を達成するために，編成される協働チームを「タスク・フォース（プロジェクト・チーム）」といいます。タスク・フォースは目標を達成すれば解散する一時的な組織形態です。既存組織の役割分担では解決できない問題を扱うことが多いことから，その多くは既存組織の枠組みを離れて編成されます。

　既存組織の利害関係にとらわれることなく，企業組織全体の視点や新たな考え方で組織を進行させることが期待されます。それには，タスク・フォースの目標の明確化や，経営資源の保証，リーダーへの権限授与が必要で，これらへのトップ・マネジメントの理解と支援が求められます。

2.3.2 マトリックス組織

　職能別組織と事業部制組織の両方の機能を取り入れようとした組織形態です。両組織のような単一の命令系統ではなく，複数の命令系統によって編成されます。製品・サービスや顧客，地域等によって部門化したA事業部，B事業部の命令系統と，研究開発，製造等による職能部門の命令系統が重ね合わさるものです（**図表6−5**）。

　メンバーは複数の命令系統（上司）のもとで，部門間の調整を図ることが

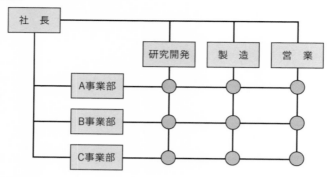

図表6-5 マトリックス組織

出所：筆者作成。

求められます。これを「ツーボス・システム」と呼びます。

　事業活動が円滑に運営される間は期待される機能を発揮しますが，事業部門と職能部門の要求が異なるときには，メンバーはどちらの上司の指示や意向を優先するべきかの調整に苦慮してしまい，意思決定に混乱を招くおそれもあります。

　マトリックス組織の円滑な運営には，組織内の人間関係を良好にする仕組みづくりや，両命令系統の上司間でも情報共有によって意思疎通を図ることで，両者の要求内容が大きく異ならないように調整することが必要です。

2.3.3　カンパニー制組織

　企業規模が拡大し事業部の数が増えてくると，分権的な組織であるために，事業部間で製品やサービスの重複が生じたり，研究開発等での連携が困難となってきます。

　そこで，増加した事業部を少数のカンパニーに統合・再編し，独立した企業とみなして独立採算制を強化した組織形態がカンパニー制組織です。カンパニーでは人事権に加えて，社内資本金制度によって一定規模の資金調達・投資権も与えられることから，迅速な意思決定が可能となります。また，資本効率等による事業責任も明確化されます。

　パナソニックは1933年に3事業部からなる事業部制を開始しましたが，

1990年代には事業部数は100を超えてしまいました。そこで，2013年から事業部を基軸に4つのカンパニーによるカンパニー制組織へと移行しました。「アプライアンス社」「エコソリューションズ社」「AVCネットワークス社」「オートモーティブ＆インダストリアルシステムズ社」の4カンパニーは，それぞれの産業分野で，新規事業創出や基幹デバイスの強化等によって成長を図ることとなりました。

　しかしながら，カンパニーごとの独立性が強くなりすぎると，組織全体の連携や交流が希薄化し，全体統制が困難になる可能性があります。また，各カンパニーが人事や財務を持つために，全組織的に共有したほうが望ましい経営資源が分散することで，業績低下につながるおそれもあります。

2.3.4 分社化

　カンパニー制におけるカンパニーは，独立した企業組織とみなしたものであって法律的には企業内組織です。分社化は，法律上も企業組織として切り離します。リスクの高い新規事業を分社化することで，業績が低迷した場合の影響を既存事業に及ぼさないことができます。

　また，機械メーカーが警備事業に進出するなど，既存事業とは異なる多角化を進める場合に採用することがあります。機械メーカーの勤務形態が，土日休日で9時から18時勤務の場合，警備事業は土日勤務や夜勤も伴うため労働条件が大きく異なります。分社化によって異なる労働条件や賃金体系を採用することで，組織メンバーへの効果的な動機づけを可能とします。

2.3.5 持株会社

　経営支配を目的に，複数の事業企業の株式を所有する企業組織です。持株会社は，株式を所有する企業（子会社）の議決権行使を通じて子会社の意思決定をコントロールします。

　持株会社は，以下の2つに類型化されます。

①純粋持株会社

自らは事業を営まずに，株式の所有を通じて子会社の事業活動を支配しま

す。

②事業持株会社

自らも事業活動を営みながら，株式の所有を通じて子会社の事業活動を支配します。

第二次世界大戦後に日本の財閥は解体され，1947年の「独占禁止法」によって純粋持株会社の設立は禁止されました。このため，日本の大企業は事業持株会社の採用や，事業関連性の高い企業に出資することで企業支配力を保ってきました。しかし，同法は1997年に改正され，純粋持株会社も認められることとなりました。先述したパナソニックも2022年から純粋持株会社制に移行しています。

純粋持株会社はグループ全体の視点によって効果的な経営資源の配分に専念し，子会社は自社の事業活動に専念することができるようになります。また，持株会社は分社化と同様に，子会社ごとに労働条件や賃金体系を設定することや，支配する企業間への経営リスクの波及を防ぐことができます。

しかしながら，子会社に経営の独立性を認めた組織形態であることから，子会社の成長に伴い持株会社から自立したり，主体性を高めていくことによりグループ内の求心力が低下する可能性があります。

3 組織文化

3.1 組織文化とは

組織文化は，企業文化や社風ともいわれています。本節では，組織文化の基本的な概念と機能についてみていきます。

組織文化について，伊丹・加護野は「組織メンバーが共有するものの考え方，ものの見方，感じ方」と定義しています。また，高尾は「組織メンバーに共有されていると了解されている価値観や信念などの非明示的な諸前提の集合」ととらえています。両者ともに組織内に形成された思考様式を示して

おり，視認することが難しく，抽象的な要素であることがわかります。

　初期の組織文化研究は，比較的みることができる組織の儀式のような行動様式や，経営理念等によって明文化された価値観が対象でした。研究が進み，具体的に観察が可能な行動様式等の背景にある信念や価値観等に対象が移っていきました。

　このように，表面的にはみえにくいものが組織文化の根幹であることから，組織文化を海に浮かぶ氷山にたとえることもあります。

3.2　組織文化の機能

　組織文化の機能としては，次の3つがあげられます。

①意思決定のばらつきが減少

　組織の公式規則が明文化され整備されていても，規則の文章だけで判断することが難しい案件があります。組織文化が浸透することで，文章には書かれていない判断基準や価値観が共有され，判断のばらつきが減少します。

②不確実な状況での迅速な判断が可能

　組織文化が浸透し意思決定の判断軸が共有化されていれば，前例のないクレーム処理などの例外的な事態への対応も迅速な判断が可能となり，上司に判断を仰ぐことが減少します。

③組織メンバーの動機づけの向上

　組織文化を共有することで課業遂行への自立性が高まり，上司からの指示も減少することで，動機づけの向上へとつながります。また，組織メンバー間でも価値観の共有が進み，組織での一体感が感じられるようになることも，動機づけの向上へつながります。

　組織文化は，組織の日々の活動においてさまざまな問題に対処した経験や知識が蓄積されたものです。これまで組織が経てきた経験と大きく異ならない課題と対処するのであれば，組織文化の共有は有効に機能するでしょう。しかしながら，組織を取り巻く経営環境の大幅な変化などによってこれまでとは全く異なる課題へ対応することになったときには，組織文化の活用が環

境変化に適合できず，マイナスの対応になってしまう可能性もあります。

❲3.3❳ 組織文化の定着・変革

組織文化研究が進み，組織文化の有効性が指摘されてきたことから，組織文化の定着が求められるようになりました。組織文化の定着を図るためには，以下の3つの方法があげられます。

①体現者の表彰

組織文化によって課題を達成した組織メンバーの表彰式を定期的に開催することで，組織の模範となり行動の規範も示されることになります。

②研修制度

組織の価値観や信念を，研修を通じて組織メンバーに浸透させていきます。

③経営者の行動

組織文化の定着に最も影響を及ぼすのは，経営者の行動です。経営者が何に注目しているのか，危機への対応はどうだったのか，組織メンバーの人事異動などから，組織メンバーは組織の価値観等を学び，自らの行動に反映させていきます。

また，経営環境の変化に組織文化が適合しない可能性が生じたときには，組織文化の変革が必要となります。その場合も，経営者の行動や判断が重要となることはわかっていますが，具体的な方策はまだみえていません。

経営環境への対応や変革を進めるには，組織文化を正確に認識（把握）することが求められます。組織文化研究が進む中で，部門ごとに独自の文化が存在することや，組織の階層によって文化の相違がみられることがわかってきました。

大きな組織では，複数の下位文化が形成されています。組織文化は客観的に存在するのではなく，組織にかかわる人たちが日頃からさまざまに解釈を重ねる相互作用のプロセスによって作り出されているとの指摘もあります。

Research

1. 自分の知っている企業の組織形態を調べてみよう。
2. 同一業界の複数の持株会社が所有する子会社を比較して，グループ全体の事業領域の違いを調べてみよう。
3. 組織文化がうまく機能している組織の事例を調べてみよう。

Debate

1. 自動車メーカーは職能組織を採用し，電気メーカーは事業部制組織を採用する理由について議論しよう。
2. 組織文化の変革には何が必要かについて議論しよう。

●参考文献

Chester I. Barnard ［1938］*The Functions of the Exective.*（山本安次郎・田杉競・飯野春樹訳『新訳　経営者の役割』ダイヤモンド社，1968 年）

伊丹敬之・加護野忠男［2003］『ゼミナール経営学入門（第 3 版）』日本経済新聞社。

加護野忠男・吉村典久［2012］『1 からの経営学（第 2 版）』碩学舎。

榊原清則［2013］『経営学入門（第 2 版）』日経文庫。

十川廣國［2013］『経営学イノベーション 3　経営組織論（第 2 版）』中央経済社。

高尾義明［2019］『はじめての経営組織論』有斐閣。

松本久良［2015］『基礎からわかる経営組織』産業能率大学出版部。

山田幸三［2018］『経営学概論』放送大学教育振興会。

田中求之 http://mtlab.ecn.fpu.ac.jp/（2021 年 9 月 5 日アクセス）。

パナソニック社 https://www.panasonic.com/jp/press/data/2020/11/jn201113-2/jn201113-2-1.pdf（2021 年 9 月 5 日アクセス）。

第**7**章 企業の採用と人材育成

●企業がどのような視点で人材を採用するかについて理解します。

●人材の育成に企業がどのように取り組み，社員がどのように成長するかについて理解します。

●社会の変革期に，長期的なビジョンをもって自分自身のキャリアを形成することを学びます。

キャリア形成　内部労働市場　人材と人財　暗黙知　家族主義経営

1 採　用

1.1 採用の基準

1.1.1 企業でのキャリア人生

　春の3月には4年前の4月に入学した大学を無事卒業し，前年の10月に出席した内定式で内定証書をもらった企業に就職する。1週間程度の合同研修の後，3カ月から6カ月程度各部署で研修を受け，研修期間が終わり仮採用である試用期間の6カ月が終わると，正社員採用の通知と正式な配属先の通知を受ける。

　この配属先も，自分が希望していたものかどうかは，通知を受け取るまでははっきりしない。その後2年程度で社内の各部署を回りながら，長い期間のOJTを受け，やがて得意な分野に固定し，そこで自分のキャリアを積み

上げていく。40歳ぐらいで係長になり，50歳ぐらいまでには部長になれる
かどうかがはっきりし，運が良ければ役員か，あるいは悪くても関連企業の
それなりのポストについていく。

　これが，高度経済成長期以後の日本の大学卒の人たちが最もイメージしや
すい企業でのキャリア人生でしょう。

1.1.2　企業は何を重視しているのか

　企業は何を重視し新入社員を雇うのでしょうか。経団連が毎年行っている
調査では，コミュニケーション能力，主体性，チャレンジ精神，協調性，誠
実性が，2018年以降重視される上位5項目となっています。

　学校の成績が優秀であれば採用されやすいとか，運動系のサークル等で活
動している，あるいは資格を取得しているといったことや，海外ボランティ
アの経験などが自己アピールのポイントになると考えがちです。しかし，こ
れらはそのままでは必ずしも高く評価されるポイントにはなりにくいのです。

　学校の成績と企業とで必要とされる特質が異なることは少し考えればわか
るでしょう。また，前述のサークルでの活動や資格取得などが採用の際重視
される上位5項目のうち，どの項目を測る尺度になるのでしょうか。

　これから先数十年間，共に働いてもらうために企業は何を評価しようと考
えているのか，どういう特性があれば企業で成長しながら働けるのか，につ
いて本章ではみていきます。

1.2　長期雇用とゼネラリスト

1.2.1　日本型雇用の特徴

　日本の企業の特色は，長期雇用制を敷いていることであるとよくいわれま
すが，実はこの表現には補足が必要です。「終身雇用」の言葉のもととなっ
た研究は，アベグレン（Abegglen）によるものですが，そのときの調査対
象は製造業・大企業中心だったのです。また，欧米の企業が短期的な雇用し

かしないかといえば，小池は一連の研究で，欧米型企業でも転職は必ずしも活発には行われない，特に年長者になればなるほど転職を嫌う，ということを明らかにしています。

　日本では，製造業以外の中小企業であっても，短期的な転職を想定した雇用体系になっている場合は多くありません。わかりやすいのは，退職金の逓増のあり方でしょう。

　企業によって制度は異なりますが，国家公務員の場合（内閣人事局資料）で考えると，自己都合の場合の退職手当の支給率は，勤続10年と20年とでは，その率は3倍近くも異なります。また，退職金にかかる税金でも同様で，退職手当の控除額は，勤続年数が20年未満か以上かで大きな違いがあります。勤続期間が長い人には，永年勤続表彰の制度がある企業が多く，この場合には特別手当が支給されたり，特別休暇が付与されたりします。

　さらにいえば，「労働者契約法」により，企業側が一方的に簡単に労働者を解雇することはできません。長期間の雇用を期待できる制度となっているのです。

　このように，短期的な転退職は不利となるシステムが，日本ではできあがっているのです。

1.2.2 　一括採用の低下，通年採用の増大

　2020年6月実施の経団連の調査によれば，新卒採用において，現時点で通年採用を実施している企業は16.5%，実施予定が5.2%，検討している企業が36.9%で，およそ6割の企業が通年採用を実施もしくは予定・検討中となっています。これまでの日本の常識であった一括採用の4月入社は減りつつあるのです。この理由については，後でみていきます。

1.2.3 　ジョブ型採用の増加

　これまでの日本型採用あるいは人材育成は，ゼネラリスト型といわれてきました。それは，長い勤務年数の間に，社内の性格の異なる部署を異動しながら，専門的なスキルを経験し，社内事情を把握することで，キャリアを積

んでいくというものでしたが，それと対比するスペシャリスト型あるいはジョブ型といわれる採用も増えています。

スペシャリスト型あるいはジョブ型というのは，日本語では，専門業務型といわれ，特定の職務に特化し経験を積み活躍するという働き方です。この採用が多いのは，研究・開発やシステム・IT，経理・財務，法務・知財，営業などの特定の知識が重視される部門に多く，これからどれだけ増えるかどうかはまだはっきりしませんが，社内で一定の割合の職務がこの枠組みに変化していくのは間違いないでしょう。

1.2.4 暗黙知，職人的働き方，人材から人財へ

たとえば，営業の手法について，学校であるいは研修で学習したからすぐに実践できるかというと恐らくは無理です。テキストに示されない「行間」というものがあるからです。それを学ぶために，多くの新入社員は先輩社員と共に営業回りをしながら時間をかけ，コツを身につけます。このコツを学び身につけるのが，かつてであれば「職人」の修業でしょうし，経営学的な表現を用いれば「暗黙知」の獲得ということになります。

日本の企業では多くの領域で，この「暗黙知」を「口伝」式に伝達してきたというのがこれまでの常識です。モノづくりであれば，「きさげ加工」というNC旋盤などの工作機械ではできない超水平面をつくる技術があります。この技術を身につけるためには，最低でも10年間の経験が必要といわれています。

商社の仕入れルートなどは「人につく」といわれます。相互の信頼性があるからこそ成り立つ商取引の世界でも，やはりこの「暗黙知」が重要であり，それは一朝一夕で身につくものではありません。

それ以外にも，社内で何か案件を通す際に，どの人に頼むと話が早い，よく理解してくれるという知識もやはり暗黙知の1つです。

このように，多くのことを吸収しながら成長する従業員のことを「人財」と呼ばれることが多いです。企業の財産という意味での人財です。英語だとHuman Capitalと表現されます。そうなる可能性を秘めているけれども，ま

だ財産とはいえない状態が人材であり，Human Resource という英語が当てはまります。

1.3 企業と人材の新陳代謝

1.3.1 新しい領域への展開

　リストラという言葉は広く世間に知られています。ただ，日本におけるリストラとは，企業が経営不振に陥ったときに労働者を解雇すること，つまり「人員削減」や「整理解雇」というニュアンスで用いられることが多いのですが，本来の意味のリストラとは，リストラクチャリング，「事業の再構築」を意味します。

　つまり，現状で経営状態が不振というわけではないが，今後の企業の発展する方向を考えたときに，不要となった領域の資源を必要となる領域に振り向けるということで，その変化に対応できない人材には再度トレーニングを施すか，あるいは職場から退場してもらい，企業が進出しようとしている新しい領域で活躍できる人材を採用するために人員枠を設けるという取り組みのことです。

　そして，このような取り組みを始める企業が増えつつあります。たとえば，国内家電製造大手のパナソニックは，その事業の柱の1つであったテレビの製造を自社では行わず OEM 生産で調達することにしました。ほぼ同じタイミングで，50歳代の従業員に破格ともいえるほどの割り増し退職金（最大で月給の50カ月分）を支払うことで希望退職者を募りました。

　企業として一時的な支出は増えますが，新しい領域への挑戦という社内外へのシグナルとしても効果的でしょうし，また，新領域に力（技術，資金，人材）を傾注しやすくなります。

　このやり方は，これまでの日本企業ではあまり聞かなかった本来の意味でのリストラクチャリングの事例といえるでしょう。

1.3.2 問題児への投資

　第4章で学んだ経営戦略のPPMマトリクスで考えたときに，問題児となる領域にどれだけ力を入れられるのか，が企業の成長には重要です。産業革命といわれるほどの変革期には，その領域にどれだけ手を広げ，市場の将来性を見極め，投資を行えるのかが重要な部分です。この投資というのは，設備投資だけではなく，人的な投資も意味します。

　純粋な投資効率を考えれば，M&A（Mergers and Acquisition：合併と買収）が短期間で済みます。必要となった部署を外部から組織ごと買収するか，中途採用で専門の人材を採用し補強すれば事は足りますが，しかし，「家族主義」といわれる日本の企業では，長期的な視点でみると，社内の他の部署との融合性などの観点からあまり効果的とはいえないようです。そのため，なるべくなら内部の人材を新しい領域へ振り向けたいと考える傾向が強いのが現状です。

　そこで必要となるのが人材育成とキャリア開発の観点です。

1.3.3 人材育成とキャリア開発

　経団連の2020年9月の調査では，大多数の企業が社員各自のキャリア形成を支援しています。しかしながら，社員が自律的にキャリア形成に取り組んでいるという回答は23%弱に過ぎず，会社主導であると答えた企業は74%強に上ります。大変革を迎えつつあるというのは，われわれの多くの実感でしょう。しかし，人材育成やキャリア開発という点において，現場ではこの変革を反映するだけの変化には至ってないというのが実情のようです。

2 育 成

2.1 企業とともに成長する

2.1.1 ゼネラリスト

　一括採用の新卒社員は，ゼネラリストとしての経験を積んでいきます。製造業の総合職の場合には，最初に経理部門に配属され，その後営業部門，生産管理部門，という具合に数年間は社内の幅広い部署に転属を繰り返しながら，国内各地の事業所に転勤を続けるというのが高度経済成長期以後の典型的な昇進・育成のあり方です。

　このように経験を積む中で，その企業のさまざまな伝統やノウハウ，そして人脈を身につけながら，ゼネラリストである総合職としてのキャリアを積んでいくのがこれまでに一般的とされたキャリアアップでした。

2.1.2 スペシャリスト

　対照的なのが，欧米型ともいわれるスペシャリストです。入社前の経歴，つまり大学での学部・学科からの専門性を高め，そのままその職種に就職し，キャリアを積んでいき，その専門領域では他に引けをとらないような経験値を積み重ね，専門家となっていくのです。

　経理系の学部・学科・ゼミを卒業し，そのまま経理系の職種につき，その道を究めていくようなイメージです。場合によっては途中で税理士や公認会計士の資格を取るかもしれませんが，独立開業を選ばずに，そのままその会社での勤務を続ける例も少なくはありません。また，企業側もその努力に報いるだけの資格手当を用意していることが多くあります。

2.1.3　内部労働市場

　日本の企業では従来，従業員が担当する仕事は，企業側から指示されるのが一般的でした。多くの場合には，従業員1人ひとりのキャリアを把握しながら，次はこの能力を身につけられるように配置しようと考えてのことでした。しかし，キャリアの全体像を見渡せることは少なく，ましてや当事者だと「この仕事に挑戦したい」「この仕事は嫌だ」という気持ちを持つのはいわば当然のことでしょう。

　そのため，内部労働市場として，社内公募制度や社内FA制度という制度を設ける企業も増えつつあります。従来型の人員配置では，自分がなぜこの仕事をしているのかわからない，あるいはあのプロジェクトに応募したいと思ってもなかなか思い通りにはいかないという場合も多く，社員のモチベーションの低下につながりやすかったのですが，これらの制度が不満の解消の1つの手段になると考えられています。

　また，人材育成の観点から考えても，一通り仕事ができるようになった後，自分がよりスキルアップをしたい領域に積極的に挑戦できるようになりモチベーションの向上につながるなど，効果が期待できます。

　このメカニズムが十分に働かない場合には，転職市場という外部労働市場に人材が流出することになります。それを防ぎ，社内での人材の流動性を高めながら，やる気を維持し企業全体としての生産性を上げる役割を果たし得るのが内部労働市場なのです。

2.1.4　家族主義経営

　伝統的と考えられている日本型の企業では，共同生活というべきライフスタイルが当たり前でした。

　同じ時期に入社したら同じ屋根の下，独身寮に数年間暮らし，結婚後には夫婦で社宅に暮らす。結婚式には親族と併せて会社の同僚を招待する。子供が生まれたら幼稚園や小学校のPTAで交流する。春先にはお花見や歓迎会があり，秋には社内運動会や慰安旅行がある。年末年始には忘年会，新年会

がある。

　イベントだけではなく，日々の勤務では，始業前に全員で職場の掃除をし，ラジオ体操を行い，朝礼では社歌を斉唱し，経営理念を唱和し，連絡事項や売上目標などの数値の共有を行う。新入社員も経営陣も同じ作業着を着て，同じ社員食堂で食事をする。

　かつて農村地帯での共同で農作業を行っていたころの伝統がそのまま都市部の企業社会に移植されたかのような暮らし方です。

　こうすることにより日本の企業は従業員の仲間意識を高め，団結力を高めてきたと考えられています。1990年頃からは，社内運動会や独身寮が廃止され借り上げ社宅が増えるなど，団体行動をとることを避ける傾向が強くなりましたが，最近では，独身寮の再設置や社内運動会の再開など，かつての取り組みの見直しも進みつつあります。

　一概に良い悪いはいえませんが，かつてのシステムにはそのシステムなりの良さがあり，新しい時代には新しい時代なりの取り組みがあり，それぞれの長所を採用でき得ると考えられます。

　結局のところ，仕事というのは人と人とのつながりによる部分が多いわけですから，困ったときにいきなり相談に行くよりも，普段からなんだかんだと雑談ができる関係を持つことは大事でしょう。

　また，周りの人たちも普段からその人のことを把握できていれば，何か不具合（仕事だけではなく，健康や精神的な問題など）があった場合に，発見しやすいでしょう。先ほど述べた暗黙知の領域からも，こういう「無駄話」ができる関係性を持つことは大変に重要です。

　もちろん，そういう関係性を持つことを嫌に思う人がいることも多いでしょうし，息苦しいと感じることもあるでしょうが，後になればこういう人間関係で築かれたネットワークに助けられるという事例が多いのも確かです。

2.2 キャリアアップ

2.2.1 キャリアアップ中の社員の処遇

　欧米型は，採用時のスキル・能力に応じて格付けを行い，処遇等には明確な差を設けるのが一般的とされています。高度な技術職と未熟な技術職の場合には，未熟な技術職として採用されたら，その企業内で高度な技術職に昇格し昇給することはないのが普通です。日本の場合には未熟な技術職として入社しても，社内での業務経験を積みながら技術を身につけ昇格し昇給するのは当たり前です。

　日本型のこういうシステムのおかげで，前述した「きさげ加工」のような機械よりはるかに高精度の超水平面加工技術を持つ技術者を社内で育成できるのです。目安としては10年間きさげ加工技術を磨かないと「一人前」の技術が身についたとはいわれないそうです。その間，未熟な職人見習いとしてでも給与が支給され技術を身につけることができるのです。

　多くの製造業では，各事業所あるいはどこか中核になる事業所にそのような高度な技術を持ったベテラン技術者が若手の技術者に技術を伝承する「○○道場」という仕組みを持っている企業がみられます。

2.2.2 年功主義と成果主義

　これまでの日本企業の昇給・昇格は，年功序列型といわれる制度で，給与は年齢に応じて昇給するのが大前提であり，能力そのものへの昇給・昇格への評価寄与は少ないとされています。これと対比するのが成果主義というシステムです。

　民間企業であれば，営業成績や技術開発などの実績によりその成果を判断しやすいですが，判断しづらい部門である総務部門や経理部門であれば，どのようにその成果を判断するのでしょうか。あるいは，きさげ加工技術のように，一人前になるまでに時間がかかる技術を身につけるまで，売上に応じたわずかな給与しか支給されず，昇給がないとしたらどうでしょう。

こういう点において，年功主義は意義があります。しかし，同様にただ年をとっただけで何ができるかわからない人たちの給与が高ければ，若くて成果をあげていると思う人たちからすれば，不満がたまるのも当然の話です。

しかしながら，入社直後の給与は1人ひとりの生産性より高いはずです。また，体力的に無理が効かなくなったころに受け取る給与は，その時点の生産性より高く，1人の労働者の生涯を通じて考えてみると，あまり損はしないようになっているというのがこれまでの通例でした。

2.2.3 キャリアアップの主体性

かつてのように，国全体が高度成長の波にのり，企業は政府が主導する領域に積極的に参加し，従業員はその枠組みの中で企業が用意する技術教育と昇格制度にもとづいたキャリア形成を行っていればよい時代ではなくなっています。企業自体はおろか，国さえもどのような産業が伸び，どのような技術が必要となるのか，明確な未来予想図は描けないのです。

そのうえ，人生100年時代が始まるとされています。何歳まで企業で働けるのかはわかりませんが，定年に至るまで，そして定年後，どのような人生を送るのか，キャリア形成の観点から，自分自身の人生を真剣に考え主体的に行動することはますます重要になっています。

2.3 グローバルな人材の採用

日本企業は貿易の結果としてのモノの国際移動を通じた国際化の歴史は長く，近年ではモノだけではないヒトの移動・交流が進み，国際化というよりグローバル化が進んでいます。

2008年には，政府により「留学生30万人計画」が提唱され，2019年には目標年次より1年早く31万人の留学生が日本で学ぶまでに「国際化」は進みました。さらには，2012年からは「高度人材ポイント制」が始まり，従来のような特殊な業種での外国籍人材の活用だけではなく，ごく一般的な企業に一般的な職種で外国籍の人材を採用することが可能になりました。

日本で教育を受けた日本人が海外拠点で働くことも，海外で教育を受けた外国籍の人材が日本国内拠点で働くことも，あるいは，日本の国内外で教育を受けた日本人や外国人が，日系企業の海外事業所で働くことも，国際企業の日本国内事業所で働くことも，もはや珍しいことではなくなりつつあります。

学校の年度開始時期は9月頃というのが世界的には多く，日本のような4月開始は極少数です。当然ながら，3月卒業・修了の国も多くはなく，時期を問わず一括採用で新入社員を雇う国も多くはありません。この世界的な環境の中で，十分な数の優秀な人材を採用するためには，通年採用はいわば必須の施策です。これを取り入れる企業は，今後ますます増えるでしょう。

ほんの数年前まで，欧米の大学に留学するということは，現地校を卒業する6月から翌年4月の入社まで1年近くもの待機期間を余儀なくされていた頃とは，まさに隔世の感があります。

従来は希望する社員のみの企業派遣の海外研修制度もありましたが，全新入社員を，一定期間海外勤務を義務づける企業も増えつつあります。日本国内の市場規模と全世界での人口を比較すれば60倍以上の規模の開きがあるわけですから，グローバルな素養を持つことは，日本企業の人材として必須の項目といえるでしょう。

3 将来を見据えた人材の育成

3.1 少子高齢化・国際化

国際化と少子高齢化，これらを前提条件として導かれるこれからの50年間は，日本の人口の減少と，多国籍展開の事業の一般化が進むとしか考えられません。それに伴い，日本の社会制度は大きな変化を遂げざるを得ないでしょう。その変化の向かう先は，「グローバル・スタンダード」です。国際的な教育，国際的な採用，国際的な業務遂行，そして国際的な活躍が当たり

前の時代になるでしょう。

3.1.1 少子高齢化

統計にもとづく将来推計から，2048年には日本の人口は1億人を割り込むと考えられています。労働力人口が子供や高齢者に比べて少ない人口オーナスになると，1人ひとりの労働者が生産性を上げるしか，国の経済力を維持する方法はありません。

従来の日本の産業を支えてきたのは，鉄鋼や自動車を中心とするいわゆる重厚長大産業です。これらは土地と労働力，そして資本力がその基本でした。土地と資本力はなんとか補えても，労働力の点で日本は競合する他の国に比べて非常に不利な状況にあります。

そのため，多くの製造業はその製造部門を市場が近く人口の多い海外に移転させており，また，政府も製造業以外の領域での日本の経済振興に真剣に取り組んでいます。

3.1.2 新しい才能を生み出す環境

将来を見据えた人材の育成には，人材1人ひとりの新しい才能を生み出していく必要があります。

新しい才能を生み出すためにどのような環境が望まれるのでしょうか。従来型の1つの企業の中で教育され，その企業の文化に染まった人間を育成するのは，皆で効率よくモノをつくる製造業には適していたと考えられています。しかし，これからのサービス業の領域では，従業員それぞれが得意とする才能を伸ばす環境をつくること，必要であれば，短期的な職場の移動をも促進できるシステムこそが望ましいと考えられています。

このことは，ただ労働者側のニーズとしてだけではなく，社会全体でのイノベーションの観点から考えても，人の移動や交流は多いほうがより新しいイノベーションを生むことにつながるというのが現在の考え方です。

3.2　労働環境の変化

3.2.1　副　業

　かつて日本では，副業という言葉にはあまり良いイメージがありませんでした。多くの企業では，就業規則でこれを禁止していました。しかし，2017年の「働き方改革実行計画」により，政府は副業・兼業の普及促進を図るようになっています。当然ですが，現在の職務に支障をきたすようではいけませんが，契約された労働時間以外の活用のあり方について，労働者側の希望に応じて副業・兼業（複業）を認めるべきであると，政府は提唱しています。

　勤務時間外の夜間や週末に，プログラマやいわゆる士業であれば，本来の業務に支障をきたさない形で複数の業務（複業）をこなすことも可能になるのです。

　この複業も，ただのアルバイト的なものもあるでしょうが，社内だけでは伸ばすことのできないスキルアップの手段の1つとして考えれば，個々の能力の向上につながります。

3.2.2　テレワーク

　2020年のコロナ禍において，多くの企業が在宅勤務を認めるようになりました。その数年前から，ICT技術の進展に伴い，少しずつではありますが，テレワークを認める・推進する企業が増えていました。テレワークというのは，企業の建物の中ではない場所で働くことです。それは企業へ通勤可能な距離内の自分自身の居宅であったり，あるいはそれ用のオフィスであったりしますし，企業からの遠隔地—山間部であったり離島であったり，いわゆるリゾート地帯が多かったりします。

　たとえば，名古屋と東京に主たる事業所を持つある企業では，数年前から沖縄県の宮古島にテレワーク拠点を設けて，所定の勤務時間は1日4時間，その代わり給与は8時間労働の半分という制度を設けています。

　残りの時間は，各自それぞれが好きなことに取り組んでよいとなっていま

す。いわゆる IT 関連の企業ですから，従業員が各自別の企業から発注を受けてソフト開発をすることもできますし，それぞれの趣味に打ち込むこともできます。

3.2.3 ジョブ型の働き方

　営業系の事業所では往々にして見受けられますが，外回りの営業社員全員が帰社するまで帰宅できない，という制度というか風習を持つ企業も少なくありません。このことは，全体で仕事をする，チームワークという日本型家族主義経営の現れと考えれば肯定できる面も多いのでしょうが，日本の企業の労働生産性の低さを生む大きな要因ともなっています。

　しかし，いつからいつまでに，どこからどこまでを，と明確な業務指示があり，それを高い能率で達成できれば，後の時間は好きな業務に取り組める，あるいは複業に取り組めるというシステムは，これからの時代，より重要になっていくと考えられます。業務指示が明確であれば，1 つの業務を複数の担当者が担当できるようになり，ワークシェアリングが進むきっかけにもなるでしょうし，無駄な仕事の洗い出しにもつながります。

3.3 複数の未来

　高度経済成長からしばらくの間は，日本の経済活動が頭打ちになることも，ある産業そのものが存続の危機に直面することも，想像すらしてきませんでした。

　しかし，自動車がエンジン駆動から電気モーター駆動に変われば，従来のような巨大な自動車製造業が必要なくなると考えられています。いろんな企業からパーツを集めて組み立てて完成車を作ることも不可能ではなく，そこには，従来型の暗黙知を踏まえた職人的な働き方は不要になるといわれています。

　このような社会状況の変化を踏まえて考えるとき，1 つの会社の 1 つのシステムではなく，複数のシステムで活躍できる可能性を維持することは，わ

れわれ1人ひとりの雇用の安全確保のためにも必要な姿といえます。

Research

1. 自分の身近な人のキャリアパス（キャリア形成の軌跡）について聞いてみよう。
2. Research 1で調べたキャリアパスが，自分自身の将来にどう取り入れられるか，考えてみよう。
3. 自分自身があこがれている業種・業界ではどのようなキャリアパスが一般的なのか，調べてみよう。

Debate

1. 自分自身が得意だと思うこと，不得意だと思うことについて，友人と相互に教え合いながら，得意なことをどう伸ばせばよいか，苦手なことをどう補えばよいか議論しよう。
2. ゼネラリストとしてのキャリアと，スペシャリストとしてのキャリアについて，それぞれの立場から議論しよう。

●参考文献

Abegglen, J.C. [1958] *The Japanese Factory*. （山岡洋一訳『日本の経営（新訳版）』日本経済新聞出版社，2004年）

小池和男 [2005]『仕事の経済学（第3版）』東洋経済新報社。

島田晴雄 [1994]『日本の雇用』筑摩書房。

服部泰宏 [2016]『採用学』新潮社。

日本経済団体連合会 [2018]「2018年度 新卒採用に関するアンケート調査結果」。

日本経済団体連合会 [2020]「人材育成に関するアンケート調査」。

日本経済団体連合会 [2020]「2019年 人事・労務に関するトップ・マネジメント調査結果」。

日本経済団体連合会 [2020]「2021年度入社対象 新卒採用活動に関するアンケート結果」。

日本経済新聞 2010年11月22日付朝刊。

野中郁次郎・竹内弘高著，梅本勝博訳 [2020]『知識創造企業（新装版）』東洋経済新報社。

第 **8** 章 企業の評価と報酬

●企業は社員の何を評価し報酬を与えているのかを学びます。

●金銭以外の報酬には何があるか，評価と報酬の関係について学びます。

●企業の賃金体系はどのようになっているのか，企業の目線で労働費用について学びます。

Key Words

人的資源管理　人事評価　内的報酬・外的報酬　昇格・昇進・昇給　賃金体系

1 人事評価

1.1 人事評価とは

1.1.1 人的資源管理

経営資源の１つである「人」の管理を，人的資源管理（Human Resource Management）といいます。「人」は他の経営資源とは異なり，効率だけで管理できるものではなく，「人」こそが企業の競争優位の源泉となる最も重要な資源であるという考え方です。「人材」を「人財」と表現する企業もあります。

人的資源管理は，雇用管理（採用・配置），能力開発，人事評価，報酬管理の４つの分野で構成されます。

1.1.2 人事評価

　一定期間における社員1人ひとりの業績，職務遂行能力，勤務態度などを一定の基準に従って評価することを人事評価（人事考課）といいます。人事評価は，昇進・昇格，昇給・賞与の査定，異動や配置，能力開発・教育訓練に活用することを目的としています。

1.2 評価項目と方法

1.2.1 評価項目

　企業が社員を評価するとき，「何をどう頑張ったのか」はどのように判断されるのでしょうか。社員からすると「頑張った人が報われるように，公平に評価してほしい」と思いますし，企業からすると「会社の利益のために，よく働いてくれる人を評価したい」と考えます。

　企業活動で得た利益の中から社員に給与を支払うわけですから，社員に支払える金額には限界があります。企業が求める人材（限られたコストの中で，成果を出してくれる人）とはどんな人物なのでしょうか。

　人事評価では，業績や成果，能力，意欲や勤務態度などが評価項目とされます（**図表8−1**）。

図表8−1　人事評価項目

能力評価	業務上必要な業務遂行能力や職務の習熟度を評価する。数値で表すことは難しい。 （例）企画立案，専門知識，思考力，実行力，行動力，統率・指導など。
成果評価	一定の期間内（業務評価期間）における成果や会社への貢献度を評価する。数値で表すことができる。 （例）業務目標に対する達成度合い。あらかじめ設定したキャリアプランの達成度合いなど。
情意評価	仕事に対する姿勢，勤務態度など人間性を評価する。数値で表すことは難しい。 （例）協調性，責任感，積極性など。

出所：石田［2006］をもとに筆者作成。

業績や成果は，売上目標に対する実績など数値化できるものですが，能力や情意は数値化しにくい評価項目であり，特に情意は評価者の主観に左右されることがあります。

一般的に，仕事を始めたばかりの新入社員とベテラン社員を同じ項目で評価することは少なく，資格や役職が上がるにつれて業績や成果の評価項目のウエイトが上がります。さらに「過去の貢献」と「将来の貢献可能性」など時間軸の観点を評価項目に取り入れることもあります。

一般的な社員は「過去の貢献」により評価されますが，そうなると新入社員は評価不能ということになります。実績のない新入社員が給料やボーナスがもらえるのは「将来の貢献可能性」を評価されてのことなのです。

企業によっては「行動指針」や「行動規範」を定め，企業人としてどう行動すべきかを示しています。新卒採用時には，学生はこの行動規範をみることで，企業が求める人物像がわかりますし，この行動規範に沿って社員教育が行われていきます。

行動指針と人事評価項目が整合すると，社員は行動指針に沿った行動を意識的にとるようになり，企業が求める人材育成につながると同時に，社員に対する人事評価項目の納得感も得られる可能性があります。

1.2.2 評価方法

人事評価の評価方法には，絶対評価と相対評価があります。絶対評価は評価基準を設定し，その評価基準に沿って評価を行うもの，相対評価は評価する集団の中で評価対象者の比較を行います。

絶対評価では，全員が目標を達成した場合，全員が良い評価となる一方で，相対評価では，全員が目標を達成した場合でも，集団の中で優劣をつけます。

目標管理制度（Management By Objectives）は，一定の業績評価期間を設け，社員1人ひとりが目標設定し，その成果を評価する制度です。人事評価者が行った評価結果を被評価者にフィードバックし，評価の透明性を測るとともに，被評価者のキャリアアップに役立てます。また通常の評価者である上司以外に同僚や部下にも評価してもらい，複数の視点からより客観的な

評価を行おうとする360度評価（多面評価）もあります。

1.3 資格制度と成果主義

1.3.1 資格制度

　社員1人ひとりは異なった能力を持っています。企業はそれらの社員を職務に従事させ，貢献度を評価することで，人的資源に対する費用対効果を最大化すると同時に，社員の意欲向上，キャリアアップを図ろうとします。

　資格制度では，社員の業務遂行能力や職務上の地位に応じて社員に資格（等級）を付与し，定期的に資格を更新します。ただし，課長や部長といった役職が同じでも資格が異なることがあり，資格が上がった（昇格）からといって，必ずしも役職が上がるとは限りません。多くの場合は，資格と報酬が結びついています（**図表8－2**）。

図表8－2 **資格－役職－賃金の関係図**

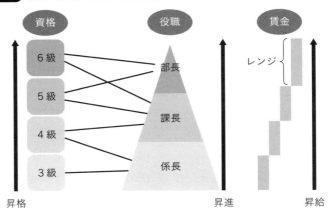

出所：佐藤・藤村・矢代［2011］をもとに筆者作成。

1.3.2　職能資格制度

　職能とは職務遂行能力のことです。技術，知識，経験などの要素を組み合わせて職能資格（等級）とし，賃金や配置，異動，昇格などの人事処遇に用います。社員はこの資格要件を満たすことで，上位の資格に異動します（昇格）。

　これまで多くの日本企業では職能資格制度が採用され，年功序列による昇格・昇進が行われてきました。年功序列は年齢や経験（勤続年数）によって評価されるシステムで，人事評価システムが複雑にならず，計画的に人材育成ができ，社員が定着しやすい反面，社員の高齢化により人件費が増えやすく，社員が積極的に成果を上げなくても安定した報酬が得られるといった特徴があります。

　厳密には職能資格制度とは異なるのですが，日本企業においては配置転換などを容易にするために職能要件が幅広く抽象的になりがちで，その結果として年功序列に近い職能資格制度が多くなっています。

1.3.3　成果主義

　職能は「何ができるか」を評価しますが，成果主義は「何をしたか」を評価します。年功序列のような年齢や勤続年数によらず，業績さえ上げれば高い評価が得られる可能性があります。「若くして経営幹部に大抜擢」というような人事も夢ではないのです。

　一方で，職能は原則下がることがないのが前提ですが，業績は下がることもありますし，過去数カ月から1年の業績を評価しますので，短期的な目線になりがちともいわれています。また業績が数字に表れやすい営業部門は評価しやすい反面，総務部や経理部などのスタッフ部門（間接部門）の業績評価は難しくなります。

　1990年代以降は成果主義を採用する日本企業も多くなってきましたが，欧米企業ほどは浸透していないのが現状です。

2 人事評価の困難性

2.1 評価バイアス

　人事評価で最も重要なことは，公平公正で客観性があることです。しかし，人間の判断によって被評価者を評価する際には，恒常的に評定誤差が混入します。これらの心理的誤差を評価バイアスといいます（**図表8-3**）。

　評価バイアスは，評価者に対して訓練を行う，2次評価者による再評価を行う（多段階評価）などにより是正・解消を図ります。

2.2 グローバル化と働き方

2.2.1 人材のグローバル化

　日本企業のグローバル化が進んでおり，いまや文化や慣習の異なる国や地域の多様な人材が，1つの企業内で働くようになりました。人材のグローバ

図表8-3 主な評価バイアス

ハロー効果	被評価者の特に優れた（劣った）点の評価に引きずられ，他の評価項目も優れた（劣った）と評価してしまう
寛大化傾向	評価が甘くなる傾向がある
厳格化傾向	評価が厳しくなる傾向がある
中心化傾向	大多数を評価的（中央より）に評価してしまう（ばらつきが小さい）
二極化傾向	評価が良いか悪いか極端になる（ばらつきが大きい）
論理誤差	論理的に関連がありそうな項目で，同じ評価をしてしまう
対比誤差	評価者自信を基準として，被評価者を過大評価または過小評価してしまう

出所：石橋［2003］，平野・江夏［2018］をもとに筆者作成。

ル化には，「日本人社員のグローバル化」と「日本人以外の社員の確保」の
2つの意味があります。

　グローバル企業の多くは優秀なグローバル人材の確保が喫緊の課題となっ
ており，それを見据えて，社内の共通言語を英語に統一する企業も増えてい
ます。

　単一民族国家である日本はグローバル人材の育成に不慣れな面もあること
から，多国籍の人材に対し人事評価の公平性を確保し，いかにスキルアップ
を図っていくかも大きな課題となっています。

2.2.2 働き方の多様化

　もともと日本の労働市場では正社員と非正規社員が混在しており，その賃
金格差など不合理な待遇差を解消するために，同一労働同一賃金を実現すべ
く「パートタイム労働法」「労働契約法」「労働者派遣法」が改正されました。

　同一労働同一賃金を実現するためには，非正規社員に対しても定量的なも
のさしが必要になり，「職務（役割）評価」（厚生労働省ガイドライン）等の
手法を用いて基本給の見直しが行われています。

　さらに，働き方改革や新型コロナウイルス感染拡大によるテレワーク導入
等，働き方が多様化するにつれて，人事評価のあり方も多様化しています。
評価者と被評価者が同じ場所で働いている場合でも人事評価は難しいことは
前述のとおりですが，テレワークになると被評価者の働きぶりが評価者から
直接はみえないために，人事評価はより一層難しくなります。

　厚生労働省は「テレワークの適切な導入及び実施の推進のためのガイドラ
イン」の中で，テレワークにおける人事評価制度の留意点を示しており，「時
間外等のメール等に対応しなかったことを理由として不利益な人事評価を行
う」「テレワークを実施せずにオフィスで勤務していることを理由として，
オフィスに出勤している労働者を高く評価する」ことは，人事評価として適
切ではないとしています。

2.3 企業の人事評価例

　世界屈指のグローバル企業であるトヨタ自動車は，販売台数 946 万台（2019
年度）のうち，日本国内の販売台数は 158 万台（16.7%）であり，海外への
販売台数のほうが圧倒的に多くなっています。生産拠点も 62% が海外での
生産となっており，社員の約 6 割が外国人です。

　トヨタは，「人望」を管理職の人事評価項目の 1 つとしています。人事評
価は「課題創造力」「課題遂行力」「組織マネジメント力」「人材活用力」「人
望」の 5 項目で行われ，そのうち「人望」は 10% の割合を占めています。

　また近年では，定期昇給について，評価にもとづいて従業員の間に設ける
差を広げる新制度を導入しています。トヨタ社員の基本給は，国内製造業の
多くにみられるような職位にもとづく一律の「職能基準給」と，個人評価に
もとづく「職能個人給」で構成されていましたが，新賃金制度では人事評価
の反映額を拡大し，「職能給」に統合しています。

　「頑張っている社員に報いる」ことが主眼とされる一方で，低い評価を受
けると定期昇給がゼロになる可能性もあります。長年日本企業に導入されて
きた年齢や勤続年数により賃金が上がる年功序列型からの脱却がみられます。

　世界最大級のショッピングサイトを運営する Amazon は，全世界に 50 カ
所以上の物流センターを保有し，90 万人以上が働く巨大企業です。Amazon
では，行動指針によって企業が求める人物像を明らかにしています。

　Amazon には世界共通の「Our Leadership Principles」（リーダーシップ
原則）があり，「全員がリーダーである」という考え方のもと，日々の活動
において社員 1 人ひとりが常にこの行動指針に従って行動するよう求められ
ています。この行動指針は，採用時の基準でもあり，社員の人事評価の項目
にもなっています（**図表 8 − 4**）。

図表8−4 Amazon「Our Leadership Principles」

> **Our Leadership Principles**
>
> 1. Customer Obsession
> 2. Ownership
> 3. Invent and Simplify
> 4. Are Right, A Lot
> 5. Learn and Be Curious
> 6. Hire and Develop The Best
> 7. Insist on the Highest Standards
> 8. Think Big
> 9. Bias for Action
> 10. Frugality
> 11. Earn Trust
> 12. Dive Deep
> 13. Have Backbone; Disagree and Commit
> 14. Deliver Results
> 15. Strive to be Earth's Best Employer
> 16. Success and Scale Bring Broad Responsibility

注：15-16 は，2021 年 7 月 1 日追加。
出所：Amazon Web サイトより抜粋。

3 報　酬

3.1 外的報酬と内的報酬

3.1.1 報酬とは

　何かを行った対価として得られるものが報酬です。企業であれば，仕事の報酬として賃金が支払われます。「労働基準法」では，「賃金とは，賃金・給料・手当・賞与その他名称の如何を問わず，労働の対償として使用者が労働者に支払うすべてのもの」と定められています（第11条）。賃金は，社員を雇用する企業側からみればコスト（人件費）であり，社員からみれば労働の対価であると同時に生活の原資です。

3.1.2　外的報酬と内的報酬

　仕事の報酬はお金だけではありません。お金以外にも「褒められて嬉しかった」「感謝された」「やり遂げて達成感があった」「自分の勉強になった」など目に見えない報酬もあります。賃金や昇進など他者から与えられる報酬を外的報酬，賞賛や達成感など自分の内面から生じる報酬を内的報酬といいます。本章では，外的報酬である賃金に着目します。

3.2　賃　金

3.2.1　賃金とは

　人は，賃金をどれだけ多くもらっても，「もうこれで充分」とは思わないものです。また，賃金が下がることに対しては強い抵抗感があります。さらに，「この給料ではやってられない」というように，何かの不満を賃金の低さのせいにすることがあります。賃金にはこのような心理的な影響力があり，企業が賃金を決定する際には十分配慮しなければなりません。

　一方，企業から社員に直接支払われるのは賃金だけなので，企業のコストは賃金だけだと思いがちですが，企業は法定福利費や法定外福利費なども含めて人件費を負担しています。つまり，社員1人を雇うときにかかる追加コストは，賃金だけではないということです。1人当たりの人件費は，社員に支払う給料や賞与が約8割，それ以外の法定福利費や教育訓練費などが約2割程度を占めています。

　賃金には，企業活動で生み出された付加価値を社員に配分するという意味もあります。社員が賃金アップを望むと企業側のコストが増えるという一見相反する関係でも，企業の付加価値を増大させれば社員への配分も増やせると考えると，お互いメリットがある仕組みになります。付加価値に対する人件費の割合を労働分配率といいます。

3.2.2 賃金形態

　賃金には，出来高賃金と定額賃金があります。出来高賃金は成果に応じて賃金が決まる仕組みで，頑張れば頑張るほど賃金が上がる可能性があります。一方で成果が上がらなければ賃金がゼロになる可能性もあるため，労働者の最低水準の生活を保障すべく，労働した時間に応じて一定額の賃金保障をするよう企業に義務づけています（「労働基準法」第27条）。

　定額賃金は，一定時間（期間）に対して賃金を支払います。時給だけでなく，月給や年俸も定額賃金になります。極端にいうと，社員が働いても働かなくても定額を支払うことになるので，企業としては生産性を上げる工夫が必要になります。日本企業の多くは定額賃金制をとっています。

　賃金の支払いは，「労働基準法」第24条において，①通貨で，②直接労働者に，③全額を，④毎月1回以上，⑤一定の期日を定めて支払わなければならないと規定されています（**図表8-5**）。

図表8-5　賃金支払の5原則

①通貨払の原則	貨幣経済の支配する社会において最も有利な交換手段である通貨による賃金支払を義務付け，これにより，価格が不明瞭で換価にも不便であり，弊害を招くおそれが多い実物給与を禁じている。銀行口座振込はこれにあたらない。
②直接払の原則	中間搾取を排除し，労務の提供をなした労働者本人の手に賃金全額を帰属させるため，労働者本人以外の者に賃金を支払うことを禁止する。
③全額払の原則	賃金の一部を支払留保することによる労働者の足止めを封じるとともに，直接払の原則と相まって，労働の対価を残りなく労働者に帰属させるため，控除を禁止する。ただし所得税の源泉徴収は対象外。
④毎月払の原則	賃金支払期の間隔が開き過ぎることによる労働者の生活上の不安を除く。
⑤一定期日払の原則	支払日が不安定で間隔が一定しないことによる労働者の計画的生活の困難を防ぐ。

出所：厚生労働省労働基準情報FAQから抜粋。

3.2.3 賃金体系

賃金は，さまざまな構成要素からなっており，現金で支給される給与以外にも，企業は社会保険料や教育訓練費などの費用を負担しています。現金給与は月例給与と特別給与（賞与）から構成されており，月例給与は所定内給与と残業代などの所定外給与からなっています（**図表8－6**）。

図表8－6 **賃金体系**

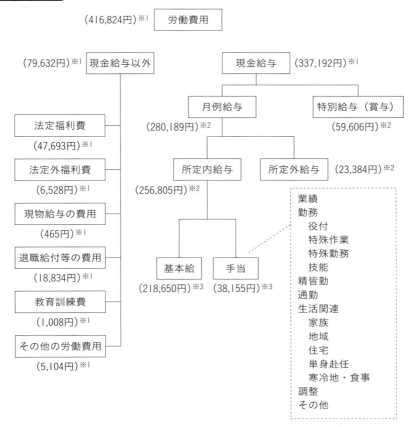

※１：2015年の統計値。
※２：月例給与，特別給与，所定内給与，所定外給与は，2015年の労働費用を2011年の割合で案分。
※３：基本給，手当の金額は，2015年の労働費用を2019年の割合で案分。
出所：厚生労働省「就労条件総合調査」（2020年，2016年，2012年）をもとに筆者作成。

さらに，所定内給与は社員の資格に応じて支払われる基本給と，受給条件に当てはまる社員だけに支給される諸手当がありますが，所定内賃金の大部分を占めるのは基本給です。

3.2.4 賃金の決定要素

基本給は人事評価によって決定されます。資格制度をとっている企業は，人事評価が資格に反映され，資格に応じて基本給が決まります。厚生労働省によると，基本給の決定要素は，6割以上が「職務・職種など仕事の内容」や「職務遂行能力」であり，「業績・成果」は約4割です。

賞与は企業全体の業績に連動することが多く，まず賞与の支払い総額を決め，それから部門業績や個人業績を反映させて個人への支払額を決定します。厚生労働省によると，賞与額への個人業績の反映度合いは，「成果（目標）達成度」が5割程度であり，「職務遂行能力」は2.5割程度です。また長期の個人業績より短期の個人業績のほうが反映される傾向にあります。

図表8−7 学歴,性,年齢階級別賃金（2020年）

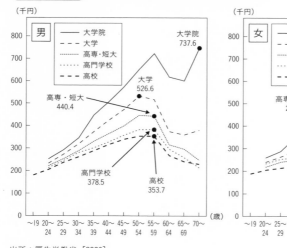
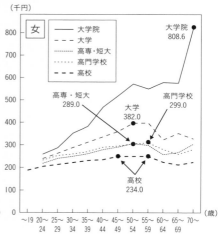

出所：厚生労働省［2020］。

3.3 賃金カーブ

　年齢層別に賃金の推移をみてみると，**図表8−7**のように学歴別，性別に20代から70代の賃金カーブを示しています。学歴別に賃金カーブをみると，男女いずれも大学および大学院の傾きが大きく，男性は女性に比べてその傾向が顕著になっています。

　図表8−8は，正社員／非正規社員別，性別，年齢層別の賃金カーブです。これをみると，男性正社員は50代後半でピーク（43.5万円）になるのに対して，女性正社員も50代後半でピーク（30.4万円）になりますが，男性正社員と比べて傾きはなだらかです。非正規社員は男女とも10代から60代前半まであまり高低なく推移しています。

　年代別に収入と支出をみてみると，60歳までの現役世代は収入が支出を大きく超えているのに対し，60歳以上になるとセカンドキャリアに突入し，再雇用で働くとしても収入は減少します。リタイアする場合は年金収入のみになり，現役世代より支出を抑えた生活になることがわかります（**図表8−9**）。

図表8−8　雇用形態，性，年齢階級別賃金（2020年）

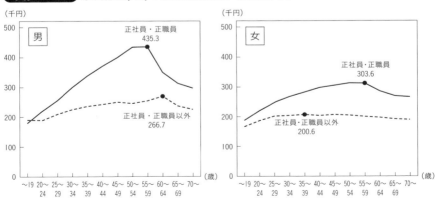

出所：厚生労働省［2020］。

図表8−9 年代別収入と支出

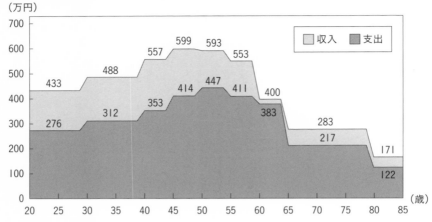

出所：総務省［2017］をもとに筆者作成。

Research

1. 成果主義を採用している企業では，どんな業績が評価されるのか調べてみよう。

2. 自分の知っている企業の平均給与と，その給与が業界の平均給与に比べて高いのか低いのかを調べてみよう。

3. 一生涯の収入と支出と比べて，どれくらい多い（少ない）のか調べてみよう。

Debate

1. 公平な人事評価項目とは何か，社員の目線と企業側の目線に分かれて議論しよう。

2. 賃金と仕事のやりがいとどちらを優先するか議論しよう。

●参考文献

Amazon Leadership Principles https://www.aboutamazon.com/news/tag/leadership-principles（2021 年 10 月 26 日アクセス）

石井耕［2006］「日本企業の能力主義人事政策」伊丹敬之・藤本隆宏・岡崎哲二・伊藤秀史・沼上幹編著『日本の企業システム第Ⅱ期第 4 巻　組織能力・知識・人材』有斐閣。

石田光男［2006］「賃金制度改革の着地点」『日本労働研究雑誌』No.554。

石橋貞人［2003］「人事評価における評定誤差分析モデル」『日本経営工学会論文誌』54 巻 2 号。

上林憲雄・奥林康司・團泰雄・開本浩矢・森田雅也・竹林明［2018］『経験から学ぶ経営学入門（第2版)』有斐閣。

厚生労働省［2020］「賃金構造基本統計調査」。

佐藤博樹・藤村博之・矢代充史［2011］『新しい人事労務管理』有斐閣。

総務省［2017］「家計調査報告」。

トヨタ自動車 https://toyota.jp/（2021年10月26日アクセス）

平井謙一［2018］『人事評価者の心構えと留意点』生産性出版。

平野光俊・江夏幾多郎［2018］『人事管理―人と企業，ともに活きるために』有斐閣。

福谷正信［2003］「人事評価制度の変遷と課題」『日本経営診断学会論集』3巻。

第**9**章 | 企業の動機づけと
リーダーシップ

Points

- ●企業が目標を達成し成果を創出するにあたり重要な動機づけに関する理論を欲求理論と過程理論に分け理解します。
- ●激しく変化する経営環境下にあって重要性を増しているリーダーシップに関する理論をリーダーシップ研究の変遷に沿って学びます。
- ●動機づけ，リーダーシップにかかわる理論が活用，展開されている企業活動の実際について，管理者の役割等の観点から理解します。

Key Words

欲求理論　過程理論　内発的動機づけ　SL 理論　管理者の役割

1 **動機づけ**

1.1 動機づけとは

　動機づけとは，やる気や意欲を高め行動に駆り立てることです。英語ではモチベーションといいます。本章では動機づけとモチベーションを同義とみなし文脈によって適宜使い分けます。モチベーションについて田尾は「何か目標とするものがあって，それに向けて，行動を立ち上げ，方向づけ，支える力」と定義しています。モチベーションは企業活動において極めて重要であることから研究が積み重ねられてきました。

　モチベーションの理論は欲求理論と過程理論の大きく2つに分ける考え方があります。欲求理論は「モチベーションの素は何か。何が人のやる気や意欲を高めるのか」，すなわち What に着目します。過程理論は「モチベーシ

ョンが生じる流れや背景は何か」「どのようにして人の意欲ややる気は高まるのか」，すなわち Process，How，Why に着目します。本章ではモチベーションに関する理論を欲求理論，過程理論の2つに分けみていきます。

1.2 欲求理論

1.2.1 欲求階層理論

　マズロー（Maslow）は，人間の多様な欲求を5つの階層で整理しました（**図表9－1**）。生理的欲求とは食欲，性欲，睡眠の欲求など生きるための基本的な欲求です。安全の欲求とは衣，住など身体的危険から身を守り，安定，秩序を得て，恐怖，不安から自由になる欲求です。社会的な欲求とは集団に所属したい，人を愛し愛されたいなど所属や愛情を求める欲求です。

　尊敬への欲求とは他人よりも優れたい，他人から尊重や尊敬を受けたいなどの欲求です。自己実現の欲求とは他人の評価ではなく，自身の価値観にもとづく目標に向かって創造性を発揮し可能性を試し自分を高めていこうとする欲求です。

　マズローの欲求階層理論は，「欲求は必ずしも低次のものから高次のものに移行しない」などの批判があります。しかし，欲求は生理的欲求のものから自己実現の欲求という高次のものへと順番に不可逆的に現れるとの前提に

図表9－1 マズローの欲求階層理論

出所：Maslow［1998］をもとに筆者作成。

立ち，人の成長の説明に資することなどから広く普及してモチベーション理論の発展に大きな貢献を残しました。

1.2.2 二要因理論

ハーズバーグ（Herzberg）は，仕事経験での良い感情と悪い感情を持った要因を分析し，良い感情を持った要因を仕事への満足要因として「動機づけ要因」，悪い感情を持った要因を仕事への不満足要因として「衛生要因」としました。動機づけ要因には「達成」「承認」「仕事そのもの」「責任」「昇進」，衛生要因には「会社の政策・運営」「監督技術」「給与」「対人関係」「作業条件」がみいだされました。

社員のモチベーションに関して，動機づけ要因では，動機づけ要因が満たされると仕事への満足が生じモチベーションが高まりますが，動機づけ要因が満たされなくても仕事への不満足は生じずモチベーションは下がりません。

衛生要因では，衛生要因が満たされても仕事への満足は生じずモチベーションは高まりませんが，衛生要因が満たされないと仕事への不満足が生じモチベーションは低下します。衛生要因の衛生には，衛生状態を良くしたからといって健康になるわけではなく，しかし，衛生状態が一定水準を下回ると健康を害するということが含意されています。

ハーズバーグの二要因理論によると，ある要因についての満足で仕事へのモチベーションが上がり，不満足で下がるとはいえず，モチベーションを高める動機づけ要因と下げる衛生要因は別であり，モチベーションを高めるためには動機づけ要因が重要となります。

1.2.3 達成動機理論

マクレランド（McClelland）は，達成にかかわる人の欲求として「達成欲求」「権力欲求」「親和欲求」の3つをあげました。達成欲求は「優れている」とされる水準を超えたい，より高い業績を上げたいという欲求です。権力欲求は強さを手に入れ周囲の人に影響力を及ぼし，何らかの働きかけがなければ起こらない行動をさせたいという欲求です。親和欲求は友好的かつ密接な

人間関係を結びたいという動機です。

　特徴的な行動様式としては，達成欲求は「細かく管理する」「先頭に立つ」「めったにほめない」「てっとり早く成果を出そうとする」，権力欲求は「命令に従わせる」「上からの評価を良くすることに努める」「自分の利益や評判を気にする」，親和欲求は「対立を避ける」「業績よりも人間関係に気を配る」「否定的なフィードバックをしない」があげられます。

1.3　過程理論

1.3.1　強化理論

　スキナー（Skinner）などによって提唱された強化理論では，「強化」「罰」「消去」によってモチベーションを高めます。強化は期待される言動や成果に対してほめる，お金を渡すなど，報酬を与えることです。罰は期待に沿わない言動や不十分な成果に対して，注意，叱責など，不快に感じる，嫌がることをすることです。

　前述の強化を正の強化とすると，罰は負の強化ともいえます。消去とは期待に沿わない言動や不十分な成果に対して，強化するわけでもなく罰を与えるわけでもなく，とりたてて何の反応もしない，すなわち無視することです。

　強化理論は「アメとムチ」の理論ともいえます。その原理は極めてシンプルで大変多くの仕事の場で使われています。

1.3.2　公平理論

　公平とは「かたよらないでえこひいきのない状態」です。多くの人は「公平に扱われたい」と考え，えこひいきされたり不当に差を設けられたりするとモチベーションは低下します。このような基本的な原則にもとづきアダムス（Adams）は公平理論を提唱しました。公平理論では，インプット（努力，経験，時間，費用など）とアウトカム（賃金，昇進，社会的地位などの報酬）の比率の点で自分と他者を比べ，比率が等しければ公平であると，比率が不

図表9−2 公平理論の原理

$$\frac{\text{自分のアウトカム}}{\text{自分のインプット}} = \frac{\text{比較他者のアウトカム}}{\text{比較他者のインプット}} \implies \text{公 平}$$

$$\frac{\text{自分のアウトカム}}{\text{自分のインプット}} \neq \frac{\text{比較他者のアウトカム}}{\text{比較他者のインプット}} \implies \text{不公平}$$

出所：Adams［1965］をもとに筆者作成。

等であれば不公平であると認識すると考えます（**図表9−2**）。

　公平感の損失，すなわち不公平さを感じると，自分のインプットおよびアウトプットの増減，別の比較他者の模索・選択，インプットおよびアウトプットする場の離脱（離職）などを誘発するといわれており，本人だけでなく企業を構成する他者のモチベーションなどにも影響を与えます。

1.3.3 期待理論

　あることに取り組む際，努力すれば成果が得られ，成果をもとに報酬が得られると期待でき，その報酬が魅力あるものだったら，多くの人はモチベーションを高くして取り組むのではないでしょうか。期待理論は，期待と魅力に着目するモチベーション理論です。ブルーム（Vroom）が提唱し，ポーター（Porter）とローラー（Lawler）によって精緻化されました。ポーターとローラーはモチベーションの強弱を**図表9−3**のように表しました。

　期待理論では期待と誘意性からモチベーションを説明します。期待は2つ

図表9−3 ポーターとローラーの期待理論

$$F = \Sigma \left[(E \rightarrow P) \times \Sigma \left\{ (P \rightarrow O) \times V \right\} \right]$$

F（Force）　　　　…モチベーションの力
E（Fffort）　　　　…努力，働きかけ
→　　　　　　　　…実現可能性
P（Performance）…業績，成果，結果
O（Outcome）　　…報酬
V（Valence）　　…誘意性：報酬の魅力

出所：Lawler［1971］をもとに筆者作成。

あります。1つ目の期待はE→Pの努力が業績につながることに関する期待です。2つ目の期待はP→Oの業績に応じた報酬が獲得できることに関する期待です。誘意性は報酬についての魅力です。2つの期待，誘意性が高ければモチベーションは高まります，そうでなければモチベーションは下がります。

1.3.4 内発的動機づけの理論

　幼い頃，泥んこ遊びや昆虫採集など誰からもほめられたり認められたりしなくてもやることそのものが楽しく，面白く，ずっとやっていたという経験はありませんか。

　あることをやっている理由が，ほめられたりお金をもらったりするなどの社会的な報酬を得るため（外発的動機づけ）ではなく，やっていること自体によって動機づけられている状態が内発的動機づけの高い状態です。内発的動機づけが高い状態は，幼い頃の経験においてだけではなく，企業活動の実際の場においても生じます。

　内発的動機づけの状態に影響を与える要因の1つに自己効力感があります。自己効力感とは，中島他によれば「自分が行動の主体であり，また行動を制御できており，そして周囲からの要請に対応できているという確信」です。わかりやすくいうと「自分が主人公として周りに対応できるという確信」です。

　自己効力感の源についてバンデューラ（Bandura）は，「熟達経験」「社会的モデリング」「社会的説得」「生理的・感情的な状態」をあげています。

　熟達経験とは，熟達する過程での成功，失敗の経験です。社会的モデリングとは，自分と似た他人が忍耐強い努力により成功するのをみて自分も同じことができると確信することです。社会的説得とは，できる可能性があることについて認められたり，励まされたりすることです。生理的・感情的な状態とは，肯定的あるいは否定的な気持ち，あるいは疲労や痛みなどの健康状態です。

　自己効力感には自己決定感や有能感が影響を与えているとされます。自己決定感とはある行動が自分自身の決定によるものであるとの認識です。有能

感とは自分はやればできる，役に立つとの認識です。デシ（Deci）は，自己決定した課題について有能感を感じる経験を積むことで自己効力感が高まるとしています。

2　リーダーシップ

2.1　リーダーシップとは

　経営者，リーダー，マネジャーにかかわらずあらゆる組織人が，企業活動を円滑に遂行し目標を達成するうえで，他の社員らの協力を得てその能力をより一層発揮してもらうためには，リーダーシップを発揮する必要があります。

　リーダーシップの定義はさまざまです。リーダーシップについてドラッカー（Drucker）は，「組織の使命を明確に目に見えるよう定義し，確立すること」，コッター（Kotter）は，「変革を成し遂げる力量」，金井は，「リーダーとフォロワーの間に漂うなにものか」と述べています。本章ではリーダーシップを端的に「指導力，統率力，影響力（パワー）」ととらえます。

　リーダーシップ研究は，リーダーシップ特性論，リーダーシップ行動論，リーダーシップ条件適応理論，変革的リーダーシップ理論と変遷してきました。

　リーダーシップ特性論は，資質論とも呼ばれ古代ギリシャ時代から1940年代頃までリーダーシップ研究の主流を占めました。優れたリーダーには共通する知性，行動力，忍耐，信頼などの特性があるとしましたが，特性の測定・評価の不十分さなどから理論的な限界を迎えました。

　リーダーシップ行動論は，1940年代後半から1950年代にかけ，有効なリーダーの行動スタイルを探求しました。しかし，有効な行動スタイルが時間の経過や状況の変化により有効でなくなるなどの問題点が指摘されました。

　1960年に入るとリーダーシップ条件適応理論が登場しました。この理論

は，状況によって有効なリーダーシップは異なり，すなわちあらゆる状況で機能するリーダーシップ・スタイルは存在せず，適切な状況のもとにあってはリーダーシップの発揮は可能との立場をとります。

1970年代から変革的リーダーシップ理論が登場します。急激な経営環境変化の中，過去の価値観や命令体系で継続的成長が難しくなってきた企業のリーダーにとって，ビジョンを掲げ実行する能力，組織内外の多くの人とのコミュニケーション力，強烈なエネルギーなどが重要であるとされました。

本章では，リーダーシップ行動論からPM理論，リーダーシップ条件適応理論からSL理論，変革的リーダーシップ理論からコッター（Kotter）のリーダーシップ論についてみていきます。

2.2 PM理論とSL理論

2.2.1 PM理論

三隅は，P機能（Performance function）とM機能（Maintenance function）によるPM理論を提唱しました。

P機能は仕事の目標や期限の明示，催促など課題解決，成果獲得のために働きかける目標達成機能で，いわゆる仕事遂行の機能です。

M機能は優しい言葉かけや社員間の対立に介入し解消するなどチームワークを保ち，社員の組織からの離脱を回避する集団維持機能で，いわゆる心配り，配慮の機能です。

P機能を横軸，M機能を縦軸に置き，機能の強弱でマトリクス図を書くとリーダーシップは4つに類型化されます（**図表9－4**）。

PM型はP機能，M機能のいずれも強く目標を達成し同時に組織を維持するリーダーシップです。P（Pm）型はP機能が強い反面，M機能は弱く目標は達成するが組織維持は弱いリーダーシップです。

M（pM）型はM機能が強いがP機能が弱く組織を維持するものの目標の達成は弱いリーダーシップです。pm型はP機能，M機能のいずれもが弱く

図表9－4　PM理論によるリーダーシップの類型

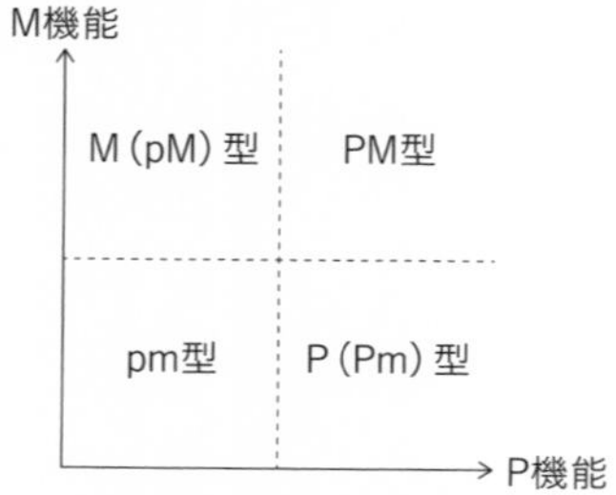

出所：三隅［1966］をもとに筆者作成。

目標達成も組織維持も弱いリーダーシップです。

2.2.2　SL理論

ハーシィ（Hersey）とブランチャード（Blanchard）はフォロワーのレディネス（Readiness）の状態によって適用するリーダーシップのスタイルを変えるSL理論（Situational Leadership Theory）を提唱しました。レディネスとは「フォロワーの学習成立のための準備の整備」，わかりやすくいうと「フォロワーの能力，意欲のレベル，成熟度」のことです。能力とは「知識，スキル，経験」，意欲とは「やる気，熱意，確信，自信」です。SL理論では，フォロワーの能力，意欲のそれぞれの高低を組み合わせ，フォロワーのレディネスの状態を4つに分類し，望ましいリーダーシップのスタイルを提示しています（**図表9－5**）。

リーダーシップのスタイルは指示的行動の高低と協労的行動の高低によってS1～4と4分類されます（**図表9－6**）。指示的行動とは「フォロワーに

図表9－5　レディネスの状態の分類

	R4	R3	R2	R1
能力	高	高	低	低
意欲	高	低	高	低

出所：Blanchard［2007］をもとに筆者作成。

対し細かく指図する行動」です。協労的行動とは「フォロワーと十分な意思疎通を図り支持，援助，支援する行動」です。フォロワーのレディネスが，R1 の状態であればリーダーシップのスタイル S1，R2 の状態であれば S2，R3 の状態であれば S3，R4 の状態であれば S4 を適用します。

S1 は教示的スタイル（指示型）で，具体的に指示命令し管理監督は厳しいなど高い指示的行動，低い協労的行動をとります。

S2 は説得的スタイル（コーチ型）で，指示の意図をフォロワーに説明したり，フォロワーからの質問に答えたりするなど，指示的行動は S1 のレベルを維持あるいは多少低め，協労的行動は S1 より高めます。

S3 は参加的スタイル（支援型）で，フォロワーからアイデアを募ったり，フォロワーを意思決定に参画させたりするなど，指示的行動は S2 のレベルよりも低めとし，協労的行動は S2 並みとします。

S4 は委任的スタイル（委任型）で，メンバーの自主性や自律性を尊重し仕事を任せ，責任を負わせるなど，指示的行動，協労的行動のいずれも最小限に抑えます。

2.3　コッターのリーダーシップ論

コッター（Kotter）は，リーダーシップとマネジメントの混同を指摘し，両者は別物であると言明しました。そして両者の違いを**図表9－7**のように

図表9－6　状況適応型リーダーシップのモデル

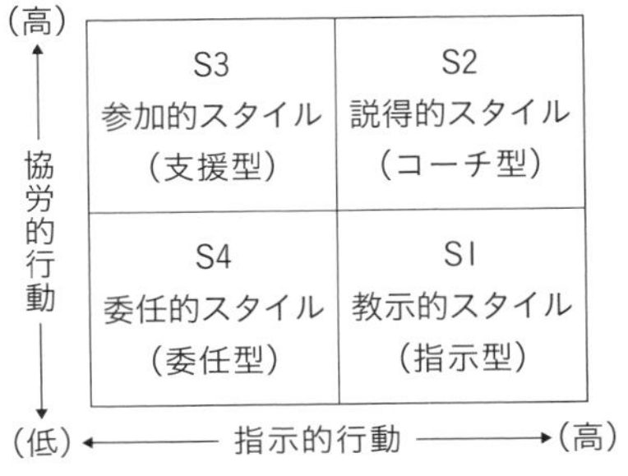

出所：Blanchard［2007］をもとに筆者作成。

示しました。

　マネジメントは，効率よく計画的に結果を獲得する一連のプロセスの運営管理のことで，具体的にはプランニング，予算編成，業績評価，問題解決などを行います。

　リーダーシップは，組織に変革をもたらし，新たな機会の獲得と重大な脅威の回避を行い，新たな戦略を実行することで，そのためにビジョンを掲げ大きな方向性を定め，ビジョンを実現したいという意欲を組織から引き出し士気を高め，望ましい未来の実現へと組織を突き動かすことです。

　コッターは，企業においてリーダーシップが必要とされるのは，これまでにない製品・サービスの創出など初めてのことへの挑戦の際，すなわち起業するときや既存企業が新たな機会を発見，活用し，自ら変革し未来に進むときなどで必要になるとしています。

図表9-7　マジメントとリーダーシップの違い

マネジメント	リーダーシップ
・プランニング ・予算編成 ・組織編成 ・人員配置 ・業績評価 ・問題解決 ・成功例を踏襲 ・安定した結果	・方向性を定める ・一丸となる ・モチベーションを高める ・士気を高める ・大勢のやる気を引き出し 　不可能を可能にする ・未来に向かって進む

出所：Kotter［2014］.

3 企業活動における動機づけとリーダーシップの実際

3.1 企業活動におけるさまざまな役割

3.1.1 管理者の役割

　これまで述べてきた動機づけ，リーダーシップに係る理論は，実際の企業においてさまざまな活動を通じて展開，活用されています。企業活動においては，1人ひとりの社員が各々の仕事の目的，目標の達成のために，他者への動機づけを行い，リーダーシップを発揮することが重要です。特に，管理者は動機づけ，リーダーシップの発揮を企業から強く求められます。

　管理者とは，企業活動を効果的・効率的に遂行するために，一定の決裁権限を企業から与えられ成果への責任を負う社員です。管理者が何を指すかは企業により異なりますが，いわゆる課長や部長と呼ばれる役職に就いている社員を管理者と呼ぶことがよく見受けられます。

　ミンツバーグ（Mintzberg）は管理者の役割を「対人関係の役割」「情報関係の役割」「意思決定の役割」と大きく3つに分類しました。そして，さらに「看板」「連結」「リーダー」「モニター」「周知伝達」「スポークスマン」「企業家」「障害処理」「資源配分」「交渉」と管理者の役割を10に細分化しました。

　注意が必要なのはさまざまある役割を果たさないと他の役割を果たせなくなるなど，管理者の役割は細分化された個別の孤立した役割の集合体ではなく，各々の役割が統合化されたまとまった全体的なものであると，ミンツバーグが考えている点です。このミンツバーグの考えによると，管理者は10の役割を統合的に果たすことで，部下を動機づけ，リーダーシップを発揮することとなります。

3.1.2 対人関係の役割

　対人関係の役割とは「看板」「連結」「リーダー」です。「看板」とは，会議の冒頭で一言述べるなど組織を代表する公式の職位と権限で規定された役割です。ミンツバーグはこの「看板」を管理者の最も基礎的な役割と述べています。「連結」とは，「看板」という役割を活用し組織の外に位置する膨大な人や組織と交流し，組織の外と内の情報交換を促進する役割です。

　この役割により組織は外部から有益な情報や支援を手に入れることが可能となります。「リーダー」とは，社員を動機づけ，導き，目標達成を実現する役割です。前々節の動機づけ，前節のリーダーシップについて，いかにうまく実践できるかが，リーダーの役割を果たせるか否かを左右します。

3.1.3 情報関係の役割

　情報関係の役割とは「モニター」「周知伝達」「スポークスマン」です。「モニター」とは，自組織と外部環境に何が起こっているかに関する情報をさまざまなネットワークによって入手する役割です。「周知伝達」とは，組織内での情報や指示命令の上意下達，下意上達の起点・中継点となる役割です。「スポークスマン」とは，自組織を代表して外部組織，特に有力者へ組織の情報を伝達，発表し広める役割です。

3.1.4 意思決定の役割

　意思決定の役割とは「企業家」「障害処理」「資源配分」「交渉」です。「企業家」とは，自組織を改革し，変化する環境に適応させる役割です。「障害処理」とは，自組織にかかわるさまざまな障害や問題，圧力を解決・排除する役割です。「資源配分」とは，金・予算，時間，権限，情報，人員，資材などを自組織内に配分する役割です。「交渉」とは，他組織，顧客，取引先との調整，折衝などにあたる役割です。

3.2 　指示・命令

3.2.1 　指示・命令における共有事項

　指示・命令とは「何かをさせるために指図，言いつけること」です。指示・命令は管理者から下位者に対して行われることが多いのですが，お願いや依頼などの形で下位者から管理者へ，あるいは同じ階層の者同士で行われることも多々あります。指示・命令の方法，仕方によって動機づけやリーダーシップの効果は大きく変わります。

　指示・命令の仕方，方法によって，相手を動機づけることができたりできなかったり，リーダーシップが発揮できたりできなかったりします。指示・命令する際に相手を動機づけ，リーダーシップを発揮するためには，「目的・意義」「成果」「期限」「プロセス」「進捗管理のやり方」「優先順位」などについて指示・命令する者とその相手とで共有することが大切です。

　「目的・意義」とは，「意図している事柄」で指示・命令する理由，根拠，背景です。「成果」とは，指示・命令する者がする相手に期待するアウトプットです。「期限」とは，期待するアウトプットの納期です。「プロセス」とは，指示・命令を受けた者が期限までに成果を作り出す方法，手順，やり方です。「進捗管理のやり方」とは，たとえば「毎週月曜日の午後，どこまで成果が出ているかをフェイストゥフェイスの会議で確認する」など指示・命令した成果の出来具合を，指示・命令した者とされる者とでどのようにして確認するかについての方法です。「優先順位」とは，指示・命令を受ける者が他の指示・命令を受けていたり，他の仕事をしたりしている場合に，どの指示・命令や仕事を優先すべきかについて共有する必要があるということです。

3.2.2 　臨機応変さの重要性

　指示・命令においては，相手の能力や特性によってそのやり方を変えるという臨機応変さが大切です。指示・命令する相手の能力や意欲が高い場合，相手にある程度任せ，指示・命令することは目的・意義，納期のみでよいか

もしれません。逆に相手の能力や意欲が低い場合，目的・意義，納期は言う
に及ばず，事細かなプロセスを常に管理しなければならないかもしれません。

　また，指示・命令する相手の成長を狙いとする場合，その者が自分で考え
試行錯誤するように，意図して具体的な指示・命令をせず，できるだけその
者にさせるという方法がとられます。

3.3　報告・連絡・相談

　指示・命令とセットとして行わなければならないものが報告・連絡・相談
（以下，報・連・相）です。報・連・相は下位者から管理者に対して行われるほか，
管理者から下位者に対して，また指示・命令と同様に同じ階層の者同士で行
われます。指示・命令と同様に，報・連・相のやり方によって動機づけやリ
ーダーシップ発揮の効果は大きく変わります。報・連・相を効果的に実践す
るポイントは「整理」「早め」「順序」「相手の状況」「頻度」「言い訳」です。

　「整理」とは，事前に，報・連・相をする目的を明確にしたうえで，事実，
推理・推論，主張・意見を区別し，不要なことや重要でないことを取り除き，
どのような順番で報・連・相をするか，簡潔明瞭に整えることです。報・連・
相をする相手は多忙であることが多いため，簡潔明瞭が基本となります。

　報・連・相の基本は「早め」に行うことが基本です。特に組織にとって好
ましくない情報や出来事については，迅速に意思決定し状況が悪化すること
を未然防止するため，「早め」に行う必要があります。

　報・連・相する相手が複数いる場合，「どのような順番で報・連・相するか」
について考慮する必要があります。これが「順序」です。一般には，組織の
秩序を維持する観点から直属の上司や先輩に最初に報告することが，また迷
ったら直属の先輩などに相談することが基本です。

　報・連・相にあたっては「相手の状況」に配慮することが大切です。たと
えば，相手が多忙を極めている場合は，報・連・相の時期や時刻，場所を相
手にとってなるべくストレスのないようにセッティングする必要があります。

　報・連・相をどの程度の「頻度」でやればいいのかについては，やりすぎ

（過剰）の弊害よりも少なさ（過少）の弊害のほうがずっと大きいことを念頭に置き，「報・連・相はもう少し減らしてほしい」と相手にいわれたらそのレベルが報・連・相の「頻度」の上限と考えることが基本です。

　「言い訳」とは，過ちの理由を説明すること，弁解です。言い訳は，それに正当性があると判断されるならば述べてもよいのですが，言い逃れ，取り繕い，責任回避と判断されてしまうリスクがあります。

Research

1. 日本の企業で働く人のモチベーションやリーダーシップの実態は諸外国と比較してどうなのか調べてみよう。
2. 社員の動機づけや社員のリーダーシップ発揮に関して企業が実際にどのような課題を抱え，またどのような対策を講じているか調べてみよう。
3. 自分の知っている企業において，動機づけやリーダーシップがどのように実践されているか具体的に調べてみよう。

Debate

1. 企業が社員へモチベーションを付与すべきか，社員が自らモチベーションを持つべきか，議論しよう。
2. 経営者などのトップマネジメントがリーダーシップを発揮すべきか，部課長などのミドルマネジメントがリーダーシップを発揮すべきか，議論しよう。

●参考文献
井手亘［2019］「1 仕事への動機づけ」外島裕監修，田中堅一郎編『産業・組織心理学エッセンシャルズ（第4版）』ナカニシヤ出版。
金井壽宏［2005］『リーダーシップ入門』日本経済新聞社。
田尾雅夫［1993］『モチベーション入門』日本経済新聞社。
中島義明・安藤清志・子安増生・坂野雄二・繁桝算男・立花政男・箱田裕司編［1999］『心理学辞典』有斐閣。
三隅二不二［1996］『新しいリーダーシップ―集団指導の行動科学』ダイヤモンド社。
Adams, S. [1965] "Inequity in Social Exchange", *Advances in Experimental Social Psychology* (2), 267-299.

Blanchard, K. [2007] *LEADING AT A HIGHER LEVEL, 1st Edition*, Pearson Education. (田辺希久子・村田綾子訳『ケン・ブランチャード　リーダーシップ論（完全版)』ダイヤモンド社，2012年)

Kotter, J.P. [2014] *ACCELERATE*, Harvard Business Review Press.（村井章子訳『ジョン・P・コッター　実行する組織―大企業がベンチャーのスピードで動く』ダイヤモンド社，2015年)

Lawler, E.E. [1971] *Pay and Organizational Effectiveness A Psychological View*, McGraw-Hill.（安藤瑞夫訳『給与と組織効率』ダイヤモンド社，1972年)

Maslow, A.H. [1998] *Maslow on Management*, John Wiley & Son.（金井壽宏監訳，大川修二訳『完全なる経営』日本経済新聞社，2001年)

Mintzberg, H. [1973] *THE NATURE OF MANAGERIAL WORK*, Harper Collins Publishers.（奥村哲史・須貝栄訳『マネジャーの仕事』白桃書房，1993年)

第 **IV** 部

企業のマネジメント

第10章 企業の生産と販売

Points

● 企業のモノづくり（生産管理）について理解します。

● 企業のモノの売り方（マーケティング）について理解します。

● 生産から販売までの全体最適（サプライチェーン・マネジメント）について
　理解し，全体最適化のビジネスモデルについて学びます。

Key Words

**科学的管理法　トヨタ生産方式　マーケティング戦略　ブランド　サプライチ
ェーン・マネジメント**

1 生産管理

1.1 科学的管理法

　19世紀後半の米国では，鉄道網の発達や機械化により，製造業の生産量
拡大と大規模化が進みました。そんな中，労働者の賃金上昇や労使対立が経
営課題となってきました。モノづくりにおいては，経営効率を上げるために
作業能率を高めることは重要な課題でした。

　そこで，19世紀末から20世紀初頭にかけて，テイラー（Taylor）は作業
能率の向上に資する管理手法を考案しました。それらの手法をまとめた管理
体系が「科学的管理法」（テイラー・システム）といわれるものです。

　一流の労働者の作業を細かく分解し，それぞれの作業時間を測り，そこか
ら1日の標準仕事量を出し，その仕事量を基準に賃金が変動する差別的出来
高給制を提唱しました。この標準仕事量の概念が現在のノルマの原点といわ

れています。

　時間研究が労働強化につながる事例や労働組合の反発などもあり，理論と実践の乖離は大きく，科学的管理法を導入した企業は多くはなかったと報告されています。

　しかし，科学的管理法は，仕事を細分化・単純化・標準化することで，非熟練者を早期に労働者に養成することを可能にし，時間研究が合理的な体の動き，仕事の負担軽減，作業環境改善などにつながり，結果的に作業効率の改善に役立ちました。

　このように，科学的管理法はさまざまな批判を受けたものの，モノづくりの世界において後世に多くの影響を与えています。

1.2　少品種大量生産と多品種少量生産

　フォード（Ford）は，1903年にフォード自動車を設立し，1908年からT型フォードの販売を始め，1913年にはベルトコンベア導入による流れ作業で大量生産方式を築いています。このT型フォードは黒一色で長期間モデルチェンジもせず，価格を安く抑えることで，自動車の大衆化に大きく貢献しました。

　この少品種大量生産は製品の価格を安くしただけでなく，労働者に市場の2倍以上の賃金を払うなど，生活を豊かにすることで20世紀の大量生産・大量消費に大きく貢献したといえます。

　少品種大量生産で生まれる効用は「規模の経済」といわれ，現在でも大企業やチェーン店などで活用されている経営手法です。

　大量生産方式は世界的に普及し，豊かな社会の一助となりましたが，顧客の嗜好の変化や高品質化への対応から，モデルチェンジや新製品の開発が必要になってきます。つまり，規模の経済を追求し生産性を高めてきた大量生産方式は，顧客のニーズに適応することにより矛盾が発生し，「生産性のジレンマ」といわれる状況に陥ることになりました。

　また，単調な作業や過度の分業による勤労意欲の低下といった，大量生産

方式の逆機能が社会問題となってきました。

　そこで，1960 年頃からヨーロッパを中心にベルトコンベア廃止運動が起こり，より人間に適した職務を設計する方向に転換していきました。

　その1つが，セル生産方式といわれるもので，携帯電話の組立工場において新しく開発された生産システムです。1990 年代の携帯電話の市場は，競争が激しいうえに製品のライフサイクルが短く，多様な機種や生産変更への柔軟な対応が必要とされていました。

　このセル生産方式では，1 人の作業者がいくつかの作業工程を担当することのできる多能工化が必要となります。また，自由裁量の余地を設けることで，自分で考え責任ある行動に結びつき，仕事の達成感や充実感を味わうことができます。そして，チームでの作業と合わせて生産性と人間性の両立を考えた生産システムとして導入されていきました。

1.3　生産方式

1.3.1　トヨタ生産方式

　トヨタ生産方式とは，トヨタ自動車で編み出されたモノづくりの体系的活動で，広義には無駄を徹底的に排除することで生産性向上を図る業務改善活動のことです。

　トヨタには「ジャスト・イン・タイム生産方式（リーン生産方式)」といわれる生産効率を上げる生産管理システムがあります。必要なものを，必要なときに，必要なだけ生産するというのがジャスト・イン・タイムで，作業効率の向上と業務の無駄を省くことがメリットです。ジャスト・イン・タイムを実現した背景には，「自働化」と「かんばん方式」という独自の手法があります。

　機械による自動化は，「作業を機械化する」ということですが，「機械を使いながら人も働く」という意味で“ニンベン”のついた「自働化」が使われています。機械の異常や誤作動，不良品の生産が発生した場合は，人が必ず

チェックを入れて生産ラインを停止し，後工程に不良品を送ることをなくし，品質管理の面で大きな成果を出しています。

かんばん方式は，「必要な在庫を必要な分だけ用意する」前工程と，「必要な分を持っていく」後工程で運用されており，後工程によって減少した在庫を前工程で補充することで，最小在庫でかつ欠品を出さないことによる効率化を実現しています。

これらのさまざまな手法を組み合わせたものがトヨタ生産方式といわれるものですが，重要なことは，現在も受け継がれている改善に対する精神やモノの見方・考え方だといわれています。

1.3.2 受注生産・直接販売

パソコンの生産販売において，デル・モデルとして有名になった，BTO（Built To Order）といわれる受注生産方式があります。デル・モデルは受注生産と直接販売を組み合わせたビジネスモデルで，顧客から直接オーダーを受け付け，それに合わせて外部のサプライヤーから調達した部品をカスタマイズ生産したものを，直接顧客に届けるという生産販売方式です（**図表10−1**）。

顧客は自分の好みに合わせたオーダーメイド製品を，直接販売による流通経費の削減で低価格で手に入れることができますが，企業にとっても大きなメリットがあります。

組み立てメーカー企業は，完成品で売れ残りになる不良在庫を抱えることがなくなります。また，サプライヤー企業は，最終顧客との接点が少なく，

図表10−1 デル・モデルのメリット

サプライヤーの メリット	組み立てメーカーの メリット	顧客の メリット
リアルタイムの受注情報により，精度の高い生産計画が立てやすい	完成品の不良在庫の削減 最小限の部品在庫	オーダーメイド 低価格
————————▶　　　　製品の流れ（サプライチェーン）　　　————————▶		

出所：筆者作成。

精度の高い需要予測が立て難いといわれていますが，BTO メーカーのサプライヤーは，完成品の受注とほぼ連動して部品需要がわかることで，精度の高い部品の生産計画を実行することができるのです。つまり，サプライチェーン全体での効率化を可能としているといえます。

2 マーケティング

2.1 マーケティング戦略

　マーケティング戦略には一連の流れがあり，①市場分析（SWOT 分析），②事業領域（事業ドメイン）と STP 分析，③マーケティング・ミックス（4P・4C），④実行と評価，といったステップで進められています（**図表 10-2**）。

　つまり，まず現状を把握するために，市場を細かく分析することから始めます。その市場分析を踏まえて，事業展開をしようとする事業領域（事業ドメイン）を検討します。そのうえで，セグメンテーション（Segmentation），ターゲッティング（Targeting），ポジショニング（Positioning）といわれる STP 分析による基本戦略を策定します。その基本戦略をもとに，マーケティング・ミックス（4P・4C）による実行戦略で，具体的なアプローチの方法を決定していきます。そして，実際に実行した結果を評価し，その後の

図表10-2 マーケティング戦略のステップ

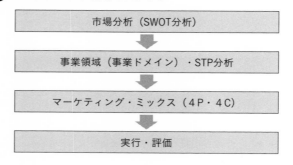

市場分析（SWOT分析）

↓

事業領域（事業ドメイン）・STP分析

↓

マーケティング・ミックス（4P・4C）

↓

実行・評価

出所：筆者作成。

戦略に活かしていくという流れです。

2.2 マーケティング戦略のステップ

2.2.1 市場分析

　市場分析は，内部環境分析と外部環境分析に分かれます。内部環境分析は，自社で現在保有している人的資源や技術力といった経営資源をもとに，自社の持つ優位性と弱点を明確にして分析します。

　外部環境分析は，企業を取り巻く社会情勢などのマクロ的環境や，市場の規模や構造といったミクロ的環境と，業界内での競争環境など，多様な外的な環境について機会や脅威の視点で分析します。

　第4章で学んだ，内部環境における自社の「強み（Strength）」と「弱み（Weakness）」，外部環境における「機会（Opportunity）」と「脅威（Threat）」を具体的に抽出するSWOT分析をもとに，戦略課題や方向性を検討していきます。

　SWOT分析をさらに事業戦略の立案に役立てるために発展させたものとしてSWOT分析マトリクスというものがあり，これを用いることにより4つの経営戦略を導き出すことができます（第4章の図表4-2参照）。

2.2.2 事業領域（事業ドメイン）とSTP

　SWOT分析で市場環境と自社の状況を確認にしたうえで，自社がこれから展開する事業領域（事業ドメイン）を明確にする必要があります。先のSWOT分析をもとに，事業の将来性，保有する技術や設備，顧客など，多様な情報から決定します。また，社会状況の変化や自社の成長過程に伴って再定義することも重要です。

　事業ドメインを定義したあと，STP（セグメンテーション，ターゲッティング，ポジショニング）を決定していきます。

　まず，セグメンテーションは，市場のユーザーをニーズごとにグループ化

することです。分ける基準としては，地理的変数，人口動態変数，心理的変数，行動変数などがあります。

次に，ターゲッティングは，分けられたセグメントの中から，最も好ましいグループを特定します。それに従って，製品開発の方向性やマーケティングの対象を確定させます。

最後に，ポジショニングは，ターゲッティングされた顧客に対して，競合との位置関係を明らかにし，自社が市場優位性を保持するための立ち位置を明確にするのです。ポジショニングにおいては，重要性，独自性，優越性の3つの要素が必要だといわれています。

つまり，STP分析を実施することで，「何を」「誰に」「どのように」製品やサービスを提供するかという基本的な方向性が明確になるのです。このSTP分析は，時間の経過で市場との乖離，ニーズや競合状況の変化などが起こり，定期的に再分析することも必要です。

パナソニックのPCレッツノートは，STP分析により，法人向けのニーズにセグメンテーションし，営業担当者などビジネスパーソンに絞ったターゲティングで，軽さ，長時間バッテリー，耐久性，堅牢性といった製品特性にポジショニングして成功した事例といえます。

2.2.3 マーケティング・ミックス

実際に製品を市場に出すときに使われるのがマーケティング・ミックス戦略です。

まず，4Pは1960年にマッカーシー（McCarthy）が提唱した手法で，製品（Product），価格（Price），プロモーション（Promotion），流通（Place）といった企業側の視点の枠組みです。

一方，4Cは1993年にローターボーン（Lauterborn）が提示した顧客側の視点での枠組みで，顧客価値（Customer Value），顧客にとっての経費（Customer Cost），顧客とのコミュニケーション（Communication），顧客利便性（Convenience）があります。

この4Pと4Cで複眼的にみることでマーケティング戦略の精度を高めら

図表10−3 4P・4Cの対応とSTP分析との整合性

4 P（企業側視点）	4 C（顧客側視点）	STP 分析
製品（Product）	顧客価値 （Customer Value）	セグメンテーション （Segmentation）
価格（Price）	顧客にとっての経費 （Customer Cost）	ターゲッティング （Targeting）
プロモーション （Promotion）	顧客とのコミュニケーション （Communication）	
流通（Place）	顧客利便性 （Convenience）	ポジショニング （Positioning）

出所：筆者作成。

れると考えられています（**図表 10 - 3**）。

　企業側が考える特長や想定しているニーズと，顧客側のニーズが異なっている場合や，逆に企業側が想定していない顧客ニーズが潜んでいる場合もあります。4 P と 4 C には双方のギャップの解消と顧客ニーズの掘り起こしの機能があります。

　また，マーケティング・ミックスの 4 P と 4 C は STP 分析と整合性がとれているかが重要なポイントだと考えられています。STP 分析の内容とズレがあると，ニーズの不一致や価格が高すぎるなどマーケティングの精度が落ちてしまいます。

2.3 ブランド

　コトラー（Kotler）は，「ブランドとは，個別の売り手または売り手集団の財やサービスを識別させ，競合する売り手の製品やサービスと区別するための名称，言葉，記号，シンボル，デザイン，あるいはこれらの組み合わせ」と定義しています。

　つまり，ブランドとは，自社と他社の製品またはサービスを識別させるものを意味します。その識別させるものとして，名前，商標，言葉，デザイン，

シンボル，イメージなどがあります。市場で他社製品と区別されなければブランドとはいえませんし，新製品に名前やロゴをつけた瞬間にブランドが生まれるわけでもありません。

ブランディングによるメリットとしては，①価格競争からの脱却，②リピーターの獲得，③調達力向上，④人材獲得，⑤社員のモチベーションアップなどが考えられます。

このように，企業においてブランド戦略は，無形の価値をもたらせてくれる重要な戦略と考えられており，マーケティング戦略の一部といった位置づけではなく，企業の根幹である経営理念とも連動し，経営戦略，マーケティング戦略，コミュニケーション戦略をすべて巻き込んで，全社的に一貫して取り組むべき戦略だと考えられています（**図表 10 - 4**）。

また，コトラーは，マーケティングは，時代とともに変化していると説明しています。まず，マーケティング1.0 は製品中心，2.0 は顧客中心，3.0 は人間中心，さらに人間中心でありながらデジタルへの移行を4.0 として解説しています。

日本では，1950 年頃，モノも情報も不足していたため，どんな製品でも作ったら売れるという大量生産・大量消費の時代でした。この時代は企業が

図表10−4 **ブランド戦略の位置づけ**

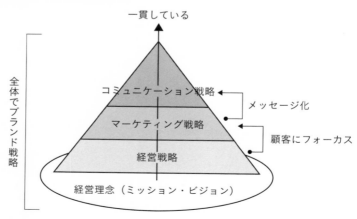

出所：ブランド・マネージャー認定協会。

考える最善の製品を顧客に提供することが重要だと考えられており，製品中心のマーケティング 1.0 といわれる時代でした。

次に，日本は高度経済成長の 1970 年頃から市場に製品が大量に出回るようになり，顧客が製品を選べる時代になってきました。そうなると企業は顧客目線で製品の開発や販売をするようになり，顧客中心のマーケティング 2.0 の時代になるのです。

その後，1990 年頃からはインターネットの普及が始まり，情報化とともに少しずつ多様化した社会に変化してきました。また，製品の品質も安定したことで，付加価値として顧客にとってどのようなベネフィットや価値を得られるかが選択指標に加わってきます。そして，企業の社会や環境への貢献なども注目されるようになりました。

企業は顧客の多様なニーズや欲求に応えるベネフィットだけでなく社会貢献も視野に入れたマーケティング活動を行うようになってきました。これが人間中心のマーケティング 3.0 です。

トヨタ自動車のカローラのテレビコマーシャルでは，1970 年代はエンジンやタイヤなどの性能と価格の安さだけをアピールしたものでしたが，2020 年前後のテレビコマーシャルでは，性能や機能の説明は全くなく，楽しくワイワイと自動車に乗って，こんなところに行けてこんな経験ができるといった情緒的なベネフィットだけをアピールしたものになっています。

そして，デジタル化したマーケティングとしては，SNS や口コミなどのほか，オンラインショップのレコメンド機能などもデジタル・マーケティングといえます。このように伝統的な方法からデジタルに移行した戦略をマーケティング 4.0 とコトラーは説明しています。

3 生産から販売までの全体最適

3.1 サプライチェーン全体で最適化を目指す

　ここまではモノづくり（生産）と売り方（販売）を別々にみてきましたが，多くの製品は生産から販売までを，いくつかの企業がかかわりながら一連の流れで動いています。つまり，自社だけが最適化を追求しても，一連の流れの中で他社がスムーズに動かなければ，多くの場合，自社にも悪影響が出てきます。

　サプライチェーンとは，製造業においての原材料調達から生産管理，物流，販売までを一連の連続したシステムとして捉えたものです。このいくつかの企業にまたがるサプライチェーン全体で最適化を目指すものが，サプライチェーン・マネジメントです。

3.2 サプライチェーン・マネジメント

　サプライチェーン・マネジメントは，原材料の供給業者から最終消費者までの流れを統合的に見直し，全体の効率化と最適化を実現するための経営管理手法です。具体的には，小売店のPOS（Point Of Sales）データや販売・受注実績から需要予測をして，調達，生産，出荷，物流，販売などを最適化していくのです（**図表10-5**）。

　ここで重要になるのが，POSデータと需要予測です。POSデータはレジで製品が売れたときのデータで，売れた製品，時間，店舗，数，値段などの情報をリアルタイムで集めることができます。このPOSデータや営業社員の販売・受注実績などをもとに需要予測をし，サプライチェーン全体で最適化を目指します。

　しかし，精度の高い需要予測をすることは容易なことではなく，サプライチェーン全体での企業間の情報連携をスムーズすることが重要なポイントに

図表10−5 サプライチェーンにおけるモノの流れと情報の流れ

出所：筆者作成。

なります。情報連携については，第11章で詳しく学びます。

3.3 全体最適化のビジネスモデル

　サプライチェーン・マネジメントにおける全体最適の重要性は先に説明したとおりですが，この全体最適化を新たなビジネスモデルとして目指した事例をみていきます。

3.3.1 SPA

　SPAとは，1986年にアメリカの衣料品小売GAPのフィッシャー（Fisher）会長が発表したSpeciality store retailer of Private label Apparelからの造語で，製造から小売までを垂直統合した製造小売業といわれるビジネスモデルです。日本ではユニクロ，無印良品，西松屋などが，小売業からSPAに転換しています。

　従来，アパレル業界では，アパレルメーカーが製品企画と製造をし，小売企業がその製品を仕入れて販売をしていました。SPAでは製品企画，製造，物流，販売を自社で一括管理することで，流通在庫や不良在庫の削減に効果を発揮しています。小売業者はPOSデータを始めとする精度の高いニーズ情報を持っており，SPAに参入するには効率的だったともいえます。

3.3.2 ファブレス

　ファブレスとは，メーカーでありながら製造部門を持たない経営形態で，企画，設計，開発，販売のみに専念し，製造，組み立てを外部に委託するビ

ジネスモデルです。ファブレス企業としては，アップルやナイキ，日本では任天堂やキーエンスなどが有名です。

メリットとしては，市場の変化に素早く対応でき，設計や技術開発，研究開発などに専念できます。また，製造部門を持たないため，素早い経営方針の変更が可能で，急激な経営環境の変化にも対応しやすいといえます。資金力の乏しい中小・ベンチャー企業には適した経営ともいえます。

ただし，製造技術やノウハウが流出するリスクがあることや，品質や納期の管理が難しいといったデメリットもあります。

SPA は垂直統合，ファブレスは分業・業務委託，2つは相反するビジネスモデルですが，両者を組み合わせると，小売業は製造業に参入しやすくなるのです。つまり，SPA とファブレスは相性がいいということです。

スウェーデンの H&M や IKEA は，どちらも SPA でありながらファブレス企業です。どちらも生産拠点（協力工場）は世界各国にありますが，製品企画やデザインはスウェーデンの本社で行っています。

このように，サプライチェーン・マネジメントは完成されたものではなく，常に進化を続けており，いくつかのビジネスモデルの組み合わせで全体最適化を模索しているのです。

Research

1. 身の回りにあるモノについて，製造企業がどのような仕組みでモノづくりをしているのかを調べてみよう。
2. 売れている製品・サービスについて，どのようなマーケティングをしているか調べてみよう。
3. 身近な製品がどのようなサプライチェーンでつながっているかを調べ，効率化の工夫について考えてみよう。

Debate

1. ある業種のモデル企業を想定し，新製品開発における市場調査としてクロス SWOT 分析をし，それについて議論しよう。
2. 身近な製品を選び，その製品の4P・4C と STP について図表 10 - 3 の項目に従い記述し，それをもとにグループで整合性がとれているか議論しよう。

●参考文献

大野耐一［1978］『トヨタ生産方式—脱規模の経営をめざして』ダイヤモンド社。

上林憲雄・奥林康司・團泰雄・開本浩矢・森田雅也・竹林明［2018］『経験から学ぶ経営学入門（第2版）』有斐閣。

Philip Kotler［1980］*Principles of marketing*, Prentice-Hall.（村田昭治監修，和田充夫・上原征彦訳［1983］『マーケティング原理』ダイヤモンド社）

Philip Kotler, Hermawan Kartajaya, Iwan Setiawan［2017］*Marketing4.0: Moving from Traditional to Digital*, John Wiley & Sons.（恩藏直人監訳，藤井清美訳［2017］『コトラーのマーケティング4.0—スマートフォン時代の究極法則』朝日新聞出版）

Frederick Winslow Taylor［2006］*The Principles of Scientific Management*, Cosimo.（有賀裕子訳［2009］『新訳　科学的管理法』ダイヤモンド社）

Michael Dell, Catherine Fredman［1999］*Direct from Dell*, Michael Dell.（国領二郎監訳，吉川明希訳［2000］『デルの革命—「ダイレクト」戦略で産業を変える』日本経済新聞社）

第11章 企業の情報と意思決定

Points

●企業の意思決定と情報との関係について理解します。

●企業の意思決定に必要な情報を提供する経営情報システムについて学びます。

●企業が事業を運営するなかで記録し蓄積している情報について，ビジネスプロセスを通して学びます。

Key Words

**情報　意思決定　経営情報システム　ビジネスプロセス
顧客関係管理（CRM）**

1 情報と意思決定

1.1 情報とは

　情報という言葉は，何かに関する「知らせ」で，受け手の判断や行動のもとになるものという意味で使われています。「知らせ」は通常，数字や文字，記号などで表されたデータとして伝達されます。つまり，情報には発信者（送り手）と受信者（受け手）が存在し，受信者は受け取ったデータを解釈し，判断し，行動を起こします。

　受信者がデータを解釈することができなければ，データは価値のない記録でしかありません。受信者の目的に合った，意味のあるデータこそが情報だということができます。

1.2 　意思決定と行動プロセス

1.2.1 　意思決定と行動

　日常的な行動を例にあげて，意思決定の構造について考えてみます。たとえば，自動販売機で飲み物を購入するとき，あなたはどのように飲み物を選択するでしょうか。のどの渇きやその日の気分で決めますか。最近みた宣伝や広告を思い出して選びますか。特に何も考えずに，いつも選んでいる製品を選びますか。パッケージやデザインで決めてしまうこともあるでしょう。

　いずれにしても何らかの情報にもとづいて決定しています。その情報は，過去の経験であったり，その場で得られる情報であったりします。

　通常，自動販売機には複数の飲み物が並んでいます。さまざまな情報にもとづいて並んでいる飲み物を評価し，いずれかの飲み物を選択し，購入します。このように，決定が行動に移される前には，情報を処理して，選択するものを決定するプロセスが存在します。このプロセスを意思決定だと考えることができます。

　つまり，意思決定とは，情報を処理して，選択する行動を決定するプロセスです（**図表11-1**）。

1.2.2 　意思決定のプロセス

　サイモン（Simon）は，意思決定プロセス（図表11-1の「変換プロセス①」）を情報活動（intelligence activity），設計活動（design activity），選択活動（choice activity）の３つの活動としています。

図表11-1　情報・決定・行動

出所：宮川［2010］。

　情報活動とは，与えられた情報から問題を認識する活動です。設計活動とは，代替的解決案，つまり解決策の選択肢を考える活動です。選択活動とは，選択肢を評価し，いずれかの解決策を決定する活動です。

　現実的には，解決策のすべての選択肢を1つずつ評価し，最善の策を決定するということはできません。すべての選択肢の中から最善の策を選ぶというよりも，満足できる策が現れたときにそれを選ぶケースが多いのです。こうした判断の仕方を満足基準といいます。

1.3　組織の意思決定

　個人的な行動であれば，図表11−1の「変換プロセス①」も「変換プロセス②」も無意識に行われるかもしれません。何の情報が行動を左右しているかなど，意識していないかもしれません。しかし，組織的な行動では，意思決定する人と行動に移す人は多くの場合で異なります。そうした場合，意思決定と行動には時間的なズレも生じます。

　したがって，組織の場合には，意思決定者による決定が，どのように，どのタイミングで行動を移す人に伝えられるかがとても重要になります。どのように行動を動機づけるか，意思決定者が行動の結果をどのように知り，どのように評価するかも行動に影響します。

　大きな組織では，意思決定自体も複数の人によって行われます。解決しなければならない問題の規模も大きく複雑になります。そのため，個人の意思決定とは異なり，決定された内容がうまく行動につながらないといったことも起こり得るのです。

第Ⅳ部　企業のマネジメント

174

2 企業の意思決定と情報

2.1 意思決定の種類

　サイモンは，意思決定を日常的に繰り返される定型的な意思決定と，単発的で非定型的な意思決定とに分けて検討しています（図表11-2）。

　定型的な意思決定は，「プログラム化された意思決定（programmed decision）」と呼ばれています。同じような問題が何回も繰り返し起こり，どのように対処すればよいかが明確になっていることが特徴です。販売や購買・仕入のような事業の運営（オペレーション）には，日常的な決定が多く，プログラム化されたものが少なくありません。

　こうした決定には，担当者が経営者や管理者の意思決定を待たずに行動できるようにさまざまな技術が用いられています。標準的な手続きを示したマ

図表11-2　意思決定の種類と意思決定の技術

意思決定の種類	意思決定のための技術	
	伝統的	現代的
プログラム化できる - 日常的，反復的決定 - 処理するための明確なプロセスが規定される	(1) 習慣 (2) 事務上のルーチン 　　標準的業務手続 (3) 組織構造 　　共通の期待 　　下部目標の体系 　　明確に定義された情報の経路	(1) OR（オペレーションズ・リサーチ） 　　数学的分析 　　モデル 　　コンピュータ・シミュレーション (2) コンピュータによるデータ処理
プログラム化できない - 1回限りで構造化しにくい，例外的な政策決定 - 全般的な問題解決のプロセスで処理される	(1) 判断，直観，想像力 (2) 経験則 (3) 経営層の選抜と訓練	発見的問題解決法の適用 (a) 意思決定者の訓練 (b) 発見的手法のコンピュータ・プログラムの作成

出所：Simon［1977］.

ニュアルが作成されていたり，IT（Information Technology）を利用した情報システム（Information Systems）で自動的に処理されたりします。

　一方，非定型的な意思決定とは，構造が複雑で，定まった対処方法や手順が存在しない問題に対する意思決定をいいます。意思決定者の経験や直観，心理的プロセスなどにより，その都度判断がなされるという特徴を持ちます。初めての海外進出や新規事業による多角化など，過去に経験のない問題に対する決定がこのタイプの意思決定です。

　サイモンは，組織における意思決定は一般的に経営層に近くなるほど，非定型的な決定が多くなるとしています。

2.2 コントロールと情報の流れ

　コントロールとは，行動の状況をタイムリーに把握（モニタリング）し，あらかじめ設定した目標と比較して，その差に対応していく意思決定と行動を指します。

　アンソニー（Anthony）は，組織をトップ，ミドル，ロワーの３階層に分け，トップには戦略的計画（Strategic Planning），ミドルにはマネジメント・コントロール（Management Control），ロワーにはオペレーショナル・コントロール（Operational Control）が必要だとしています（第２章図表２-６参照）。

　この３階層をサイモンの意思決定の種類（図表11-2）に照らすと，戦略的計画にはプログラム化されない意思決定が多く，オペレーショナル・コントロールにはプログラム化された意思決定が多いといえます。いずれの意思決定にも情報は必要ですが，意思決定の種類が異なるので，必要な情報の性質や範囲が異なります。

2.3　経営情報システムと経営資源としての情報

2.3.1　経営情報システム

　1950年代から企業経営にコンピュータが利用され始めました。当初コンピュータは大量のデータを事務的に処理するために用いられました。売上を計算する，在庫の数と金額を計算する，日々の会計を記録し決算を行うなど，人手で行っていた仕事がコンピュータで行われるようになりました。

　1960年代になると，銀行の業務や鉄道の座席予約がオンラインで即時に処理できるようになりました。その後，多くの企業でコンピュータと通信による情報システムが導入され，企業のオペレーションにとって不可欠なものになりました。

　1960年代後半から企業経営全体でコンピュータを利用する経営情報システム（Management Information System）という考え方が提唱されました。

　1970年代には，従来のオペレーション効率化のためのシステム化だけでなく，意思決定に必要とする情報を管理者に提供する情報システムが考案されました。ゴーリーとモートン（Gorry & Morton）は，この考え方の枠組みを提示しました（**図表11−3**）。

　その後，さらに上位の管理者の意思決定を支援する意思決定支援システム

図表11−3　経営情報システムの枠組み

	オペレーショナル・コントロール	マネジメント・コントロール	戦略的計画
構造的	売掛金処理 受注処理 在庫管理	予算分析 （コスト管理） 短期予測	傭船ミックス 倉庫・工場立地
準構造的 非構造的	生産スケジューリング 現金管理 PERT/COSTシステム	差異分析 （総合予算） 予算編成 販売・生産	合併・買収 新製品計画 研究開発計画

出所：Gorry & Morton［1971］．

（Decision Support System）も登場しました。

　ゴーリーとモートンは，アンソニーの示した組織階層に対してどのような
タイプの情報システムが必要かを示しています。各層によって必要とされる
情報の特徴が異なっていることが理解できます。また，オペレーショナル・
コントロールで収集される情報がマネジメント・コントロールや戦略的計画
での意思決定に関係していることにも理解が必要です。

2.3.2　経営資源としての情報

　経営活動に必要な要素を経営資源といいます。経営資源は一般にヒト，モ
ノ，カネ，情報に分類され，情報は第4の経営資源といわれています。経営
資源である情報には，企業が活動するために必要とする情報の他にも，活動
することで生じる情報も含まれます。

　その他，ブランドや信用も情報に分類される資源だと考えられています。
近年では，企業活動を通して大量に蓄積された顧客情報，取引や行動の履歴
などが極めて重要な資源だと考えられています。

　一般的に企業活動で生じる情報は，データとしてコンピュータシステムな
どに蓄積されます。しかし，情報の中には，形式化したデータとして蓄積す
ることが難しいものもあります。経験，学習，慣行などによって蓄積された
知識もその1つです。

　知恵とか技とか勘など，人が保有しているものです。ブランドや信用など
も顧客の体験や感覚にもとづくものなので，形式的なデータとして蓄積する
ことの困難な情報です。ただし，こうした情報は企業間競争で優位に立つた
めには極めて重要な経営資源で，見えざる資産（intangible asset）といわれ
ています。

3 企業が記録し蓄積する情報

3.1 情報の流れ

3.1.1 ビジネスプロセスと情報の流れ

ある企業が顧客からの注文を受け取り，代金を回収するまでの流れをイメージしてみてください。顧客が製品を発注します。受注担当者は，注文を受け取ると倉庫に在庫があることを確認し出荷の指示を出します。出荷担当者は出荷を行い，出荷したことを受注担当者に伝えます。受注担当者は出荷されたことを確認すると顧客に請求書を送ります。顧客から代金が振り込まれると経理担当者が入金を確認します。

このような仕事のまとまりを，ハマーとチャンピー（Hammer & Champy）は，ビジネスプロセスと呼んでいます。ビジネスプロセスには，モノやお金の動きの他に，情報のやりとりが伴います。

製品の注文，出荷の指示，出荷の回答，支払の通知など，ビジネスプロセスでは情報が伝達されて行きます。ビジネスプロセスにおいて，指示や報

図表11－4 ビジネスプロセスとモノ・カネ・情報の流れ

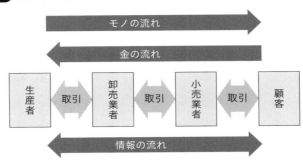

出所：嶋口［1986］をもとに筆者加筆。

告，照会は欠かせません。どのような事業のビジネスプロセスにも情報の流れが存在します（**図表 11 - 4**）。

3.1.2 マスタデータとマスタファイル

ビジネスプロセスの中で，あらかじめ知っておきたい，または知っておかなければ仕事にならない情報があります。注文を受けるには，顧客や製品の情報をあらかじめ知っておく必要があります。こうした情報をマスタデータといい，データの記録場所をマスタファイルといいます。

多くの企業でマスタファイルはコンピュータシステムのデータベースに格納されています。一般的に，何に関係する情報かによって，「製品マスタ」「顧客マスタ」「仕入先マスタ」などのように分けられています。

マスタファイルの情報は，ヒトやモノの状態や状況が変われば，正確に更新されなければなりません。社員の入社や退社，異動があれば，社員マスタが適切に更新されなければなりません。人事の業務や給与の支払ができなくなってしまうからです。新しい顧客と取引を始めるには，顧客や製品，売価の情報を決定し，登録しておかなければなりません。

3.1.3 取引データとトランザクション処理

ビジネスプロセスの取引から生じる情報も記録され保存されます。前述した受注，出荷，請求，代金回収のプロセスで発生した情報も記録として保存されます。それぞれのプロセスで発生したデータは記録され，定期的，または即時に処理され，次のプロセスに伝達されます。

こうしたデータを取引データ（transaction data）と呼び，取引データをもとに行われる処理をトランザクション処理といいます。

取引が行われると，マスタファイルの情報が取引データに転写され記録されます。受注プロセスでは，顧客マスタや製品マスタをもとに誰からどの製品の注文を受けたかが記録されます。したがって，取引の前にマスタデータが正確に登録されていないと，取引が誤って記録され，その後のプロセスに支障が生じます。

日々の業務プロセスから記録される取引データは膨大にあります。そして，日々の取引データを集約した情報から管理者や経営者が意思決定を行います。したがって，取引データが誤っていると，正しい意思決定を行うことが困難になります。マスタデータの正確性を保つことは極めて大切なのです。

3.2 販売・購買のプロセスと情報

3.2.1 販売プロセスと情報

モノを売るビジネスプロセスでは，どのような情報が蓄積され，利用されているかをみていきます。スーパーやコンビニなどの小売業，流通業のビジネスは，需要を予測し，仕入を行い，価格を決定して，販売するプロセスからなります。一連のプロセスから生じる情報やプロセスの管理に必要な情報にはどのようなものがあるでしょうか。

需要の予測をするためには，どのような製品がいつ，いくらで売れたかを知っておく必要があります。その情報は，製品1つひとつを区別して登録しておかなければなりません。これを単品管理といいます。単品管理のために個々の製品につけられているのがJAN（Japan Article Number）コードです。現在，在庫している量を製品ごと把握するためには，在庫情報も単品管理する必要があります。

販売時には，いつ，いくらで売れたかが販売の実績データとして記録されます。このとき利用されるのが，POS（Point Of Sales：販売時点情報管理）システムです。JANコードのバーコードを読み取って，売れた製品ごとに金額や数量のデータが店舗のコンピュータに記録されます。記録されたデータは，定期的に本部のコンピュータに送られ，全社的に情報が利用されます。製品ごとの販売動向や現在の在庫数量，発注済みの数量などが把握できるようになっています。

当初POSシステムの利用は，レジでの清算業務のミスや負担を軽減し，効率的に売上のデータを収集することが目的でした。しかし，現在では，顧

客会員システムやポイント管理システムと連動したり，クレジットカードやバーコード決済などを扱えるようにしたりと，誰が購入したかという情報も収集しています。企業は販売時点で製品の販売情報だけでなく，同時に顧客の購入履歴も取得しているのです。

3.2.2 購買プロセスと情報

　モノを買うビジネスプロセスで扱われる情報についてみていきます。スーパーやコンビニのような小売業であれば，製品を仕入れるプロセスがあります。モノをつくる製造業にも，部品や材料を調達するプロセスがあります。

　購買プロセスでは，需要や在庫計画に従って製品や部品，材料を発注し，入荷を検品し，発注残（発注しているがまだ入荷していない数量）を把握しなければなりません。製品の現在の在庫数量や入荷予定数量，入荷予定日を正確に把握できなければ，欠品が生じ，売れる機会を逃したり（これを機会損失といいます），製造に着手できなかったりします。したがって，発注や入荷の予定を正確に把握することはとても重要です。

　発注の際には，現在の在庫の情報を正確に把握しておかなければなりません。手持ちの在庫をある程度は確保しておかなければ，製品を納期通りに出荷することができなくなります。反対に在庫が多すぎると，売れ残ってしまうおそれがあります。無駄のない在庫数量を判断するためには，正確な在庫の情報が求められます。在庫の情報は，入荷や出荷だけでなく，返品や倉庫間の移動などでも更新されます。

　こうしたデータの収集には，バーコードやハンディターミナルが用いられ，手作業によるミスの防止や負担の軽減が図られています。

3.2.3 サプライチェーンと情報

　原材料の調達から製品の生産，顧客への販売に至るプロセスでは，複数の部門や外部の企業がかかわっています。このような組織をまたがったビジネスプロセスのつながりが，第10章で学んだサプライチェーンです。製品の複雑化や多様化により，サプライチェーンを構成する部門や企業の数は増加

しています。そうした組織間関係と取引量の増加により、取引データも増加しています。

　サプライチェーンを効率的に運営することをサプライチェーン・マネジメント（Supply Chain Management）といいます。近年多くの企業のサプライチェーン・マネジメントには、IT を利用した情報システムが用いられています。取引データの増加により人手では処理することが困難になっているからです。

　また、サプライチェーンの効率化には、正確で迅速な情報伝達が欠かせません。情報伝達の正確性とスピードがモノや金の流れを左右するからです。正確で迅速な情報伝達のためには、部門や企業をまたがってコンピュータ同士がデータをやりとりすることが理想的です。

3.3 電子データ

3.3.1 電子データ交換と電子商取引

　サプライチェーンにおけるスムーズな情報連携を目的として EDI（Electronic Data Interchange：電子データ交換）が行われています。EDI のようなデジタルデータのやりとりで行われる取引を電子商取引（Electronic Commerce：EC）といいます。

　1990 年代後半からインターネットの利用が広がり、インターネットを経由した電子商取引が盛んに行われるようになりました。企業間だけでなく、企業と消費者の間でもインターネットを介した取引が行われるようになりました。B to C（Business to Consumer）のビジネスと呼ばれます。「EC」いうと、むしろ B to C の取引を指すことが多くなっています。

3.3.2 顧客関係管理と個人情報

　POS システムを利用した顧客情報の収集やインターネットでの B to C ビジネスの拡大で、顧客との関係性を重視するビジネス手法が広がりました。

これを CRM（Customer Relationship Management：顧客関係管理）といいます。

　収集した情報は，単に市場の分析や販売促進に用いられるだけでなく，顧客サービスの品質向上や製品やサービスの開発などにも用いられています。しかも，企業内で利用するだけでなく，他の企業と共有して用いたり，他の企業に情報を提供したりすることも行われています。こうしたことから，企業にとって顧客情報は「宝の山」といわれています。

　その一方で，顧客情報には個人を特定できる情報が含まれており，極めて慎重な取り扱いが求められています。個人情報が漏洩した事件や事故が繰り返し報じられています。個人情報に対する消費者の意識も高まっており，個人情報の取扱いの不備は企業やそのサービスの信用の失墜につながります。個人情報保護は企業が対応しなければならない重要な経営課題の１つになっています。

Research

1. 企業の組織階層ごとの意思決定の特徴と意思決定に必要な情報の特徴について整理してみよう。
2. 自分の身の回りにある企業のビジネスプロセスでどのような情報が収集され，次のプロセスに伝達されているか，想像してみよう。
3. インターネットを介したサービスで自分が登録した情報や閲覧できる履歴にどのような情報が存在しているか確認してみよう。

Debate

1. 企業の組織階層ごとの意思決定に必要な情報を適切に提供するために，どのような仕組みが必要か議論しよう。
2. 一貫性のある情報が組織内や組織間を正確にスムーズに流れるには，どのような仕組みが必要か議論しよう。

●参考文献

Anthony, R.N. [1965] *Planning and Control Systems: A Framework for Analysis*, Harvard University Press. (高橋吉之助訳『経営管理システムの基礎』ダイヤモンド社, 1968 年)

Hammer, M. & Champy, J. [1993] *Reengineering the Corporation: A Manifesto for Business Revolution*, HarperCollins. (野中郁次郎監訳『リエンジニアリング革命─企業を根本から変える業務革新』日本経済新聞社, 1993 年)

Gorry, G.A. & Scott Morton, M.S. [1971] "A Framework for Management Information Systems," *Sloan Management Review*, Vol. 13, No.1, pp.55-70.

Simon, H.A. [1977] *The New Science of Management Decision*, Prentice Hall. (稲葉元吉・倉井武夫訳『意思決定の科学』産業能率大学出版部, 1979 年)

伊丹敬之・軽部大編著 [2004]『見えざる資産の戦略と論理』日本経済新聞社。

宮川公男 [2010]『新版 意思決定論─基礎とアプローチ』中央経済社。

宮川公男・上田泰編著 [2014]『経営情報システム（第 4 版）』中央経済社。

遠山曉・村田潔・岸眞理子 [2015]『経営情報論（新版補訂）』有斐閣。

第**12**章 企業の資本と資金

Points

● 企業の資金調達方法と加重平均資本コストについて学びます。

● 投資目的，資金運用の目的と方法について学びます。

● 株主を重視する経営について，その背景を学びます。

Key Words

資金調達　資本コスト　トレードオフ　リスクとリターン　株主重視の経営

1 企業の資本調達

1.1 外部からの資金調達方法

　企業が事業を行うには資金が必要です。資金をスムーズに集めるためには投資家が期待している成果を上げなければなりません。

　まずは，資金調達の方法をみていきます。どこから，どのような方法で資金を調達しているのか，主な3つの外部資金を調達する方法についてみてみます。

　1つ目は企業が銀行から資金を借り入れる方法です（**図表12−1**）。銀行は，広く一般の人々から預貯金を預かっています。銀行は，その預貯金を企業に融通することで，利息を受け取り，事業を行っています。

　企業側からみると，資金を銀行から借り入れるということになります。企業は借りた資金（元金）を返済する必要があります。また，企業は銀行に借りた資金を返済するまで利息を支払い続けます。

2つ目は企業が社債を発行し，広く一般の人々から資金を調達します（**図表 12 − 2**）。社債は将来返済するという条件で発行されるので，借り入れと同じ見方ができます。企業は，返済するまで利息を支払い続けなければなりません。社債を購入した投資家を債権者とか，社債権者と呼びます。社債権者は，社債を持っている限り，利息を受け取ることができます。

　3つ目は企業が株式を発行して，資金を調達する方法です（**図表 12 − 3**）。企業が株式を発行し，広く一般の人々から少額の資金を集めることによって，多額の資金を集めることができます。

　株式を保有している投資家を株主と呼びます。株主は株式の保有数によって経営に参加する権利を持っています。いわば身内のような存在なので，株主に対する返済義務はありません。企業は業績に応じて株主に対して配当金を支払います。

　株主は出資した金額以上の責任を取る必要がないため，比較的出資がしやすくなります。しかし，出資した金額については企業と同様のリスクを負う

図表12−1　銀行からの借り入れ

出所：筆者作成。

図表12−2　社債の発行

出所：筆者作成。

図表12−3 株式の発行

出所：筆者作成。

ことになります。株主は企業に対してリスクに見合う見返りであるリターン
を求めます。

　銀行からの借り入れや社債発行による資金調達方法は，資金を借りて調達
し，返済する必要がある特徴を持っていますので，他人資本といいます。こ
れに対して，株式を発行して資金を調達する方法は返済の必要がないため自
己資本といいます。

　また，近年インターネット環境が整ったことから，広く一般の人々から資
金を調達する新たな方法としてクラウドファンディングを利用する個人や企
業が増えてきています。企業としては新製品や新規事業の需要予測が立てや
すいといったメリットがあります。

1.2　企業内部での資金調達方法

　企業は製品を顧客に販売し，収入を得ます（**図表12−4**の①）。この収入
から取引業者へ製品を生産するために必要な原材料費，製品の仕入代金を支
払います。また，家賃や光熱費などの経費を支払います（図表12−4の②）。
従業員には給料を支払います（図表12−4の③）。債権者に対して借りてい
る資金の利息を支払います（図表12−4の④）。最後に収入から諸々の費用
を差し引いた利益から税金を納めます（図表12−4の⑤）。残りの資金が企
業の利益になります（図表12−4の⑥）。

　この利益を株主に分配するか，企業に残すかを決めなければなりません。

図表12-4 経営成果の利害関係者への配分

売上高	① ←	顧客
- 材料費	② →	取引業者
- 給料	③ →	従業員
- 利息	④ →	債権者
- 税金	⑤ →	国
税引後利益	⑥ →	株主

出所：筆者作成。

企業が株主に利益を分配しないで，企業にとどめておくことを内部留保といいます。

企業内に残された利益は，翌年度以降に再投資する資金として使用する可能性を持っていることから，企業内部での資金調達とみることができます。株式や社債を発行し資金調達するような発行費用がかからないことは企業にとっては魅力的です。

また，経営環境の変化に影響されずに資金調達することができることも好まれている理由です。

内部留保は株主に配当金をどのくらい支払うのか（配当政策）に依存しています。配当金が多ければ，内部留保は少ない，逆も同様です。配当金と内部留保はトレードオフの関係といえます。したがって，内部留保は配当政策と密接にかかわっている資金調達といえます。

1.3 資金調達のコスト

資金を調達するためにどのくらいの費用が発生するのか，企業サイドからみてみると資金を調達する費用のことを資本コストといいます。一方，投資家サイドからみると資金を提供した見返りとして期待しているリターンということで，期待収益率と呼んだり，投資家が企業にリターンを要求しているということで要求収益率と呼んだりします。通常，割合で示します。

$$資本コスト＝期待（要求）収益率$$

　したがって，企業は投資家の期待収益率を最低限満たさなければ，スムーズに資金調達できなくなります（**図表12－5**）。

　たとえば，負債を60万円，株主資本40万円，合わせて100万円資金調達した場合を考えてみます（**図表12－6**）。このとき，負債の資本コストを5％，株主資本コストを10％とします。ここでは税金は考慮しないこととします。

　負債と株主資本を合わせると100万円になり，100万円のうち負債は60万円なので，60万円÷（60万円＋40万円）＝60％となります。同様に，株主資本比率は40万円なので40万円÷（60万円＋40万円）＝40％となります。

　資本コストを算出するために，加重平均します。加重平均とは単純に平均するのではなく，それぞれの金額に重みを置いて平均します。60％は負債で資金調達していますので，60％の重みを置いて負債コストとの積で算出します。

　株主資本は40％の割合で資金調達していますので，40％の重みを置いて株主資本コストとの積で算出します。全体の資本コストは重みをつけた負債コストと重みをつけた株主資本コストを合わせると加重平均資本コストが算出されます。

図表12－5　企業への資金提供と見返り

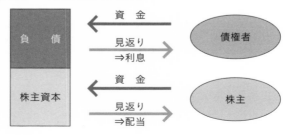

出所：筆者作成。

図表12−6 加重平均資本コスト算定の例

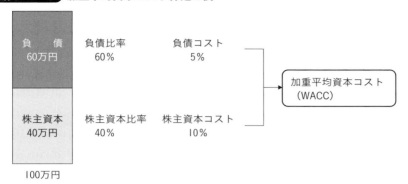

出所：筆者作成。

加重平均資本コスト（Weighted Average Cost of Capital）は略して，WACC と呼ばれています。

WACC ＝負債の構成比×負債コスト＋株主資本の構成比×株主資本コスト

　　　 ＝ 60% × 5% + 40% × 10%

　　　 ＝ 7%

この 7% を上回らなければ，投資家が納得しないということです。債権者には 5% の利息を支払い，株主には 10% の配当金を支払う必要がありますので，企業としては最低限必要な利益率である資本コストは 7% となります。

投資するときはこの 7% の資本コストを上回る利益を生み出す投資案は実行しますが，下回る投資案は実行すべきではない，といった判断材料となります。

2 企業の資金運用

2.1 固定資産と流動資産への投資

　資産は流動資産への投資と固定資産への投資に分類することができます（**図表12-7**）。事業で成果を上げるまでのプロセスを投資といいます。固定資産とは長期間にわたり保有するものや，1年を超えて現金化・費用化される資産のことです。1年以内に現金化できる資産を流動資産といいます。

　固定資産への投資は一般に規模が大きく，その効果が長期間にわたって発生しますので，慎重にならざるを得ません。複数の投資案の中から最善の投資案を選択することが求められます。

　たとえば，費用を下げるために，古い機械設備を最新の設備へと取り替えるような投資や収益を増やすために新製品開発投資を実施しよう，などといった複数の投資案が検討されます。

　将来期待される収益（リターン）と投資に関連するリスクを予測して，これを数量化し複数の投資案を比較することで最善の投資案を決めます。ハイリスク・ハイリターン，ローリスク・ローリターンといわれるようにリスク

図表12-7 資産の分類

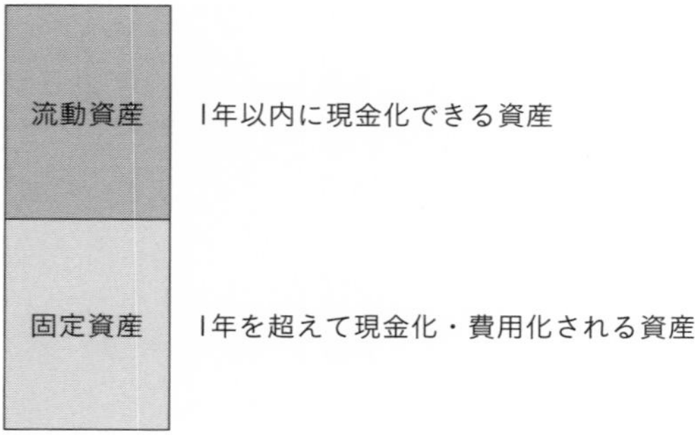

| 流動資産 | 1年以内に現金化できる資産 |
| 固定資産 | 1年を超えて現金化・費用化される資産 |

出所：筆者作成。

とリターンとの関係はトレードオフの関係にあります。

　流動資産への投資は企業が属する業界によってかなり変わってきます。流動資産が全資産中に占める割合が高ければ運転資本管理が重要になります。

　一般に流動資産の割合が高い業種は建設業，卸売業などです。逆に流動資産の割合が低い代表的な業種は電気事業などです。流動資産への投資は，固定資産への投資金額に比べると少額ですが，日常反復的な業務の中で頻繁に行われるため，十分な管理ができる仕組みと人材育成が大切です。

2.2 投資目的と投資決定

2.2.1 投資目的

(1)拡大投資

　ある企業が現在の市場で自社の製品がよく売れている場合，企業は新しい工場を建設し，需要に応えるために生産能力を高めます。また，新しい市場を開拓する場合に，事務所や店舗を増やしたりします。

(2)研究開発投資

　基礎研究，応用研究，開発と分類することができます。基礎研究は，新しい科学的な知識を得るための理論的・実験的研究です。応用研究は基礎研究で発見された知識を実用化するために試行錯誤している研究です。開発は，製品化を前提とした新製品の設計，試作，検証を意味します。

　顧客の嗜好の変化が速かったり，技術革新のテンポも速くなった近年では，製品のライフサイクルが短くなってきています。したがって，新製品開発と研究開発が重要視されてきています。

　また，新薬の研究開発は製品化できる確率も低く，10年以上の期間を費やします。しかし，成功すれば，世界中の患者の治療に使用され，社会的な貢献度も高く，企業にも莫大な利益をもたらします。

(3)更新投資

古くなった機械設備を新しい機械設備に置き換えます。また，古くなってはいない，十分に使える機械設備でも，技術革新によってより高性能な機械設備が開発されると，機械設備を置き換える場合もあります。

(4)社会的責任投資

公害防止のための投資，従業員の福利厚生施設への投資などを意味します。投資効果が利益に直接かつ急速に現れ難いので，投資案の評価・選択が難しいといわれています。しかし，自然環境問題などを背景に，社会的問題意識は高く，企業は避けては通れない投資となっています。

2.2.2 投資決定

投資決定は通常複数の投資案の中から最善の選択をしなければなりません。投資の目的や投資のタイプを認識し，投資家が求めるリターンを満たしていることが大切です。

たとえば，新しい店舗を増やしたり，機械設備を取り替えたり，社会的責任を遂行するためなど，複数の投資案件があるとします。この複数の投資案件の中から，どの投資案から始めていけばよいか，という順位付けを決めたり，ベストの投資案はどれか，などを決めなければなりません。

すべての投資を実施できればよいのですが，経営資源は限られていますので，投資案を1つにしたり，複数の投資案を実施する場合はそれぞれの金額を少なくして投資を決めなければなりません。

この選択をしなければならない問題は，経営資源が限られているという希少性と，その希少性があるがゆえに，ある投資案を実施するともう1つの投資案を実施できなくなるというトレードオフに起因するものです。

また，投資はいったん資金を投資案に投入すると，「覆水盆に返らず」といった，投資した金額は戻ってこないといった埋没費用（sunk cost）が発生することから慎重にならざるを得ません。

不確実性の時代といわれている近年においては，最初から多額の資金を新

工場などに全額投資するのではなく，最初の段階では少額の資金でとりあえず事業を始めて，様子をみるようにします。

　将来に近づけば，つまり2，3年時間が経過すれば，新工場を建設する現地の状況や経営環境がわかってくるので，そのときに増築するのか，成長の見込みがないとわかれば，撤退を検討する必要があるでしょう。

　そのときにも判断がつかない，見通しも立たないようであれば，現状維持のまま継続することを考えればよいということです。このような意思決定の考え方は金融工学という分野から派生したリアルオプションという理論的な知見です。

2.3 現在価値と流動資産への投資

2.3.1 現在価値

　ある投資プロジェクトを実行すべきかどうかを検討している例で，生産性が向上する設備を購入する，といった投資を考えてみます。2年間使用することができる設備を購入する金額が1,200万円，その設備を購入すると毎年605万円の収益が見込まれています。利息は10%とします。

$$収入の合計 = 605万円 / (1 + 0.1) + 605万円 / (1 + 0.1)(1 + 0.1)$$

　単純に1年後の605万円の収益と2年後の605万の収益を足すと1,210万円になります。購入金額1,200万円を引くと10万円の収益が見込めるので実行したほうがよいのではないか，と考えてしまいそうです。

　しかし，投資をするかしないかの判断は現在時点で行いますので，将来の金額（1年後，2年後）605万円を現在の金額に合わせる必要があります。1年後の605万円は利息を使って現在の金額に合わせます。つまり，605万円を（1 + 0.1）で割ります（割り引くともいいます）。すると，550万円になります。

考え方は 550 万円を銀行に預けているだけで，利息 10％で 1 年後 605 万円になります。これで利息 10％の状況で現在 550 万円と 1 年後の 605 万円の価値は一緒になりました。2 年後の 605 万円はまず 1 年分割り引いてみると，605 万円 ÷ （1 + 0.1） = 550 万円になります。

2 年後 605 万円なので，もう 1 年分割り引きます。1 年分割り引いた金額が 550 万円でしたので，この 550 万円を 1 年分割り引くと，550 万円 ÷ （1 + 0.1） = 500 万円となります。式 （1 + 0.1）2 の 2 乗になっているのは 2 年分割り引いていたからです。3 年分であれば 3 乗となります。

$$収益の合計 = \frac{605 万円}{(1 + 0.1)} + \frac{605 万円}{(1 + 0.1)^2}$$
$$= 1,050 万円$$

投資を決断するときは時間を合わせることです。1 年後の 605 万円と現在の 550 万円，2 年後の 605 万円と 500 万円は価値が同じということになります。

この例の投資案は 1,200 万円投資して，1,050 万円の収益となりますのでマイナス 150 万円となって損をしてしまいます。したがって，投資案は採用しないほうがよいということになります。

この例では，利息で現在の価値に割り引き，投資の採否について検討しました。この割引率は株主資本コストも用いて投資案の評価を行います。

資本コストは資金を調達するときのコストであり，かつ投資家が要求する収益率ということで投資の採否を判断する利回りとなります。

2.3.2 流動資産への投資

企業が存続していくためには，必要な資金が，必要なときに準備されていなければなりません。企業の経営活動では，まず原材料を購入し，従業員を雇用し，給料を支払うことで資金が出ていきます。電気，ガス，水道の使用料金を支払います。新製品をつくるために，研究・開発を行ったり，よく売れるよう広告・宣伝を実施します。

このように，製品が売れる前の段階でさまざまな活動のための現金の支出が必要になります。製品が売れれば，現金として回収され，収入があります。しかし，すぐに現金収入があればよいのですが，時間がかかります。製品をつくったそばから売れればよいのですが，一定期間は売れないで倉庫に保管していたり，店頭に陳列されていたりします。つまり製品を在庫として抱える期間があります。

また，売れたときも現金で支払いがあればよいのですが，後で支払いますといった「つけ払い」で支払いが行われると，一定期間遅れて，現金の収入となります。後で売上の代金を受け取る権利を売掛金といいます。売掛金を回収できれば，手持ちの現金が増えます（**図表 12 − 8**）。

入ってくる現金と出ていく現金の金額を時間的にも，金額的にも適合させることが重要です。資金繰りに失敗してしまうと，会計上は利益が出ていても，最悪「黒字倒産」ということにもなりかねません。

支払不能状態に陥らないためには手持ちの現金をより豊富に持つことですが，現金は収益を生み出す資産形態ではないので，手持ちの現金を多く持つことは収入の減少につながります。

図表12−8 キャッシュの流れ

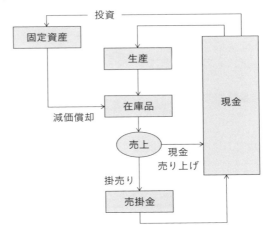

出所：筆者作成。

3　企業の資金管理

3.1　直接金融と間接金融

　従来，日本では間接金融が中心でした。日本の高度経済成長期には資本市場の発達が遅れ，企業の資金調達は銀行からの借り入れに依存していました。日本の企業は主力取引銀行との関係を密にし，必要資金を必要なときに借り入れできるメインバンク制という日本的経営が特徴でした。

　しかし，資本市場が発達してきたことなどを背景に，日本企業の資金調達ルートは間接金融から直接金融へと移行してきました。直接金融による資金調達の割合が大きくなると，企業は投資家との良好な関係を構築する必要があります（**図表12-9**）。

3.2　資本コストによる資金調達と資金運用の管理

　株式持ち合いも日本的経営の特徴です。企業間で株式を持ち合い，お互いの企業を監視し合う仕組みです。実際はお互いの経営方針については干渉しないという暗黙のルールがあり，お互いの企業を監視する仕組みは機能していません。

図表12-9　直接金融と間接金融

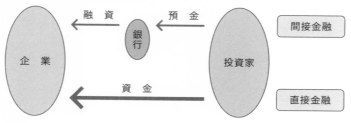

出所：筆者作成。

近年，株式の持ち合いは解消され，外国人投資家の株式保有比率が上昇してきました。加えて，企業のグローバル化が進み，経営陣に外国人が加わることが増えてきました。海外では株主を重視する企業経営が一般的に浸透しています。株主重視の企業経営とは株主が期待するリターンを上げ，その資産価値を増やす企業経営のことです。

3.3 投資家の期待と資本コスト

投資家が何を求めているのかを理解し，資金調達，資金の使途，分配について説明する必要があります。投資家が期待（要求）する収益率＝資本コストを上回る経営成果を上げることができるかどうかがポイントとなります（**図表 12 − 10**）。

企業が資本コストを上回る事業を厳選し実践することができれば企業価値は向上し資金はスムーズに流れます。もし，資本コストを下回る成果しか期待できない事業では資金調達ができないということになります。資金の流れが悪いと事業を始めることも継続することも難しくなります。

図表12−10 資本コストによる資金調達と資金運用の管理

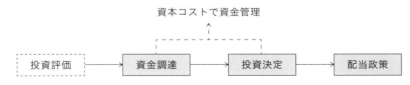

出所：筆者作成。

1. クラウドファンディングでどのくらいの資金を集めて，どのような事業が行われているか，調べてみよう。
2. 興味のある企業がどのような投資をしているか調べてみよう。
3. 利益還元として株主優待制度を実施する企業がありますが，どのような株主優待があるか調べてみよう。

1. 銀行借り入れ，社債発行，株式発行による資金調達方法のメリット，デメリットを整理し，他人資本と自己資本のどちらで資金調達したほうがよいのか，議論しよう。
2. 株主へ配当金を支払うか，内部留保にするか，といった利益処分のトレードオフの問題は企業の経営戦略がかかわってきます。興味がある企業の配当政策としてどのような利益還元をしているか，また投資家にどのような説明およびメッセージを送っているか，議論しよう。

● 参考文献

砂川伸幸［2017］『コーポレートファイナンス入門（第2版）』日本経済新聞出版社。
村松司叙［1999］『財務管理入門（3訂版）』同文舘出版。
森直哉［2018］『図解コーポレートファイナンス（新訂2版）』創成社。

索　引

■執筆者紹介（五十音順）

井上 善海　法政大学大学院政策創造研究科教授　　　　　　　　（第2章担当）
遠藤 真紀　九州情報大学経営情報学部教授　　　　　　　　　　（第1章担当）
木下 耕二　九州産業大学商学部准教授　　　　　　　　　　　　（第9章担当）
黒澤 佳子　秀明大学総合経営学部教授　　　　　　　　　　　　（第8章担当）
杉原 成幸　大同大学情報学部講師　　　　　　　　　　　　　　（第3章担当）
田上 敦士　広島商船高等専門学校流通情報工学科准教授　　　　（第7章担当）
田中 克昌　文教大学経営学部准教授　　　　　　　　　　　　　（第4章担当）
中原 康征　東海大学経営学部専任講師　　　　　　　　　　　（第12章担当）
松原 茂仁　星城大学経営学部准教授　　　　　　　　　　　　（第10章担当）
溝下　　博　広島経済大学メディアビジネス学部教授　　　　　（第11章担当）
森　　宗一　別府大学国際経営学部専任講師　　　　　　　　　　（第5章担当）
山本 公平　大阪経済大学情報社会学部教授　　　　　　　　　　（第6章担当）

■編著者紹介

井上　善海（いのうえ　ぜんかい）
法政大学大学院政策創造研究科教授，東洋大学大学院経営学研究科客員教授，広島大学名誉教授，博士（商学）

専門分野：経営戦略論，事業創造論

【主な著書・論文】

『負けない戦略』（単著，中央経済社，2022 年）

『衰退産業の勝算』（単著，幻冬舎，2022 年）

『経営戦略入門（第 2 版）』（共著，中央経済社，2022 年）

『7 つのステップで考える戦略のトータルバランス』（単著，中央経済社，2011 年）

『ベンチャー企業の成長と戦略』（単著，中央経済社，2002 年）

遠藤　真紀（えんどう　まさき）
九州情報大学経営情報学部教授，修士（経営学）

専門分野：中小企業経営論

【主な著書・論文】

『中小企業経営入門（第 2 版）』（共著，中央経済社，2022 年）

「中小企業における ISO 2015 年版の活用」『福岡大学商学論叢』（第 63 巻 3・4 号，2019 年）

「地域中小企業のネットワーク戦略」『中小企業季報』（通巻第 168 号，2014 年）

『よくわかる経営戦略論』（共著，ミネルヴァ書房，2008 年）

山本　公平（やまもと　こうへい）
大阪経済大学情報社会学部教授，博士（農学）

専門分野：地域農業経営論，中小企業経営論

【主な著書・論文】

『中小企業経営入門（第 2 版）』（共著，中央経済社，2022 年）

「集落営農法人の持続的経営に求められる合意形成システムに関する一考察」『農業経営研究』（第 57 巻第 4 号，2020 年）

『中小企業の戦略』（共著，同友館，2009 年）

企業経営入門

2022年4月20日　第1版第1刷発行
2022年12月15日　第1版第2刷発行

編著者	井	上 善	海
	遠	藤 真	紀
	山	本 公	平
発行者	山	本	継

発行所　㈱中央経済社
発売元　㈱中央経済グループ
　　　　パブリッシング

〒101-0051　東京都千代田区神田神保町1-31-2
電話　03 (3293) 3371 (編集代表)
　　　03 (3293) 3381 (営業代表)
https://www.chuokeizai.co.jp
印刷／文唱堂印刷㈱
製本／㈲井上製本所

ⓒ2022
Printed in Japan